VISTAZOS

Lecturas
fáciles
2

VISTAZOS

Lecturas
fáciles
2

Teresa Carrera-Hanley
Jean-Paul Valette
Rebecca M. Valette

D. C. HEATH AND COMPANY
Lexington, Massachusetts / Toronto, Ontario
HEATH

Acknowledgments

The authors would like to express their appreciation to the following
teachers who carefully reviewed the manuscript and offered many suggestions for improvement:

Luce Díaz, Bala-Cynwyd Middle School, Bala-Cynwyd, PA
Elina Saunders, Bellevue High School, Bellevue, WA
Shirley Townsend, Connelly School of the Holy Child, Potomac, MD

Project Editor: Janet Dracksdorf
Text Design: Ann Curtis
Cover Design: Ingrid Cooper
Production Coordinator: Barbara M. Kirk

On the cover: Una vista de la ciudad de Cáceres, en la región de
Extremadura, España; **page 1:** Estudiantes en Córdoba, España; **page
81:** Estudiantes bailando en Córdoba, España.

D.C. Heath and Company
Lexington, Massachusetts / Toronto, Ontario

Printed in the United States of America.

ISBN 0-669-10291-1

6 7 8 9 0

Contenido

PRIMER NIVEL   Estructuras

SEGUNDO NIVEL

Estructuras

To the Teacher

Vistazos 2 has been developed to help beginning and intermediate-level Spanish students strengthen their reading skills and expand their vocabulary comprehension.

Organization of *Vistazos 2*

Vistazos 2 contains twenty selections divided into two levels. The readings of the *Primer Nivel* utilize the present, the imperative, the preterite and the imperfect tenses. Those of the *Segundo Nivel* also utilize the preterite and the imperfect, as well as the present perfect, the future, the conditional, and the present subjunctive tenses.

Within each *Nivel*, the readings are sequenced in order of increasing difficulty. The particular grammatical forms that are contained in a given selection are indicated both in the table of contents and at the beginning of the reading. It is assumed that students can recognize and understand these structures before beginning to read the selection.

The opening note to the student presents techniques for reading Spanish more efficiently and lists the most common cognate and spelling patterns so that students will find it easier to recognize familiar words. A complete answer key and Spanish-English vocabulary appear at the end of the book.

Arrangement of each lesson

Each lesson begins with an illustrated reading. Words that a student is unlikely to know are glossed in the margin. As a rule of thumb, we glossed all noncognates that are not included in the active vocabulary of the Level One Spanish texts most commonly used in this country. Since many teachers will skip around in the anthology and not read every selection, we glossed the unfamiliar words in each reading, even if they had occurred in an earlier reading or an earlier "Aumenta tu vocabulario" section.

Most reading selections are followed by a comprehension activity entitled "¿Comprendiste tú?" These sections have a wide variety of formats: true-false statements, hidden messages, and interpretation activities. The function of these activities is to encourage the student to read the passage more than once in search of the information requested.

Each selection is followed by a section entitled "Aumenta tu vocabulario." This vocabulary enrichment focuses on topical vocabulary, word families, or idiomatic expressions. The presentation of the vocabulary is accompanied by one or more "Actividades" in which students use the new items. Here, too, several different formats have been adopted to provide variety.

The closing activities, entitled "Usa tu imaginación" allow the student to recombine the material in the reading selection and vocabulary enrichment section in an original context.

Teaching with *Vistazos 2*

Before introducing any of the selections, the teacher will probably want to have the class discuss the reading suggestions contained in the preface to the student. Students should be encouraged to refer to the list of common cognate and spelling patterns whenever necessary.

The readings themselves may be either presented and read in class or assigned for outside preparation. The teacher may wish to read parts of the selection aloud to give the class additional listening practice. The comprehension activities may be done individually, in small groups, or with the entire class. Similarly, the vocabulary-building activities are both varied in structure and flexible in format. They range from tightly structured completion and multiple-choice exercises to open-ended communication activities and guided compositions.

Since each reading is accompanied by carefully planned comprehension and vocabulary expansion exercises, it is possible to let students prepare selections independently for extra-credit or enrichment activities. This flexibility is a key feature of *Vistazos 2*.

To the Student

The best way to acquire fluency in a new language is through frequent contact with that language. The more you listen to a new language, the easier it becomes to understand conversations and to speak. And the more you read in the new language, the greater your reading comprehension and your writing ability. For your reading practice to be most effective, it should be an enjoyable experience: the language should not be too difficult for you and the topics should be interesting. The twenty selections of *Vistazos 2* have been written to meet these objectives.

Reading and Understanding

There are several techniques you can use to improve your reading ability in Spanish. Here are a few suggestions:

1. Read the title of the selection. Some titles are straightforward and tell you exactly what the subject of the reading is: "Nosotros, los hispanohablantes," "El ámbar: oro fósil." Other titles may arouse your curiosity and raise questions that the selection should answer. For example, the title "Un espíritu aventurero" may have you wondering who the "adventuresome spirit" might be.

2. The next step is to read through the whole selection in order to get the general meaning. You may want to refer to the vocabulary glosses in the margin from time to time if there are key words that are unfamiliar to you. However, you should try to go through the entire reading without stopping too frequently, since your objective is to get a general overview of what the text is all about.

3. Once you have a global impression of what the author is saying, you should go back and read the selection sentence by sentence. First of all, it is important to identify the *subject* (who is acting) and the *verb* (what action is being done). In Spanish, as in English, the subject usually comes first and is followed by the verb. However, in Spanish the subject may be omitted if it is a pronoun. If you are not quite sure that you have found the subject of the sentence, you might look carefully at the ending of the verb. In Spanish the verb ending will help you identify the subject because it agrees with the subject in number. The tense of the verb also indicates the time of the action—past, present, or future.

4. As you read more slowly, try to understand the meanings of unfamiliar words.

   a. Often you can *guess meanings from context.* For example, one selection might begin: "¿Conoces algunas piedras preciosas? ¿Sabes lo que es una esmeralda, un rubí, un diamante o un ópalo? . . ." (p. 41). You might not know the meaning of the word **piedras,** but you can probably guess that it's "something" precious that has to do with gems.

   b. You can also *recognize many cognates,* that is, words that have similar spellings and meanings in Spanish and English. These words are pronounced differently in the two languages and often have slightly different meanings. As you learn to recognize cognates and as you become familiar with cognate and spelling patterns, you will find that your reading fluency will improve. (Common cognate and spelling patterns are presented in a special section beginning on page xii.)

   c. You should be aware of *false cognates.* These are words that look alike in both languages but have different meanings. For example, **largo** means "long" (and not "large"). If you encounter a cognate that does not seem to fit the general sentence context, look it up in the end vocabulary. It may be a false cognate with more than one meaning.

   d. In some cases a Spanish word may have an English cognate but may correspond to another more common noncognate word. For example, **aumentar** is related to the verb "to augment" but corresponds more closely to the verb "to increase." In such cases the English cognate may remind you of the meaning of the Spanish word.

5. Once you know the meanings of the individual words, you must reread the entire sentence. Usually there is no direct word-for-word correspondence between Spanish and English. Each lan-

guage has its own expressions and images. For example, the Spanish phrase **un ciudadano común** (p. 3) on the word-for-word level is "a common citizen," but in the context of a sentence it corresponds to "an average person." You will also notice that Spanish may use the present tense to describe historic events while the same text in English sounds much better when written in the past tense. For instance, a Spanish-speaker may write: "El equipo de buzos excava y excava por casi tres años. Finalmente llegan a la segunda cubierta." (p. 93) but an English-speaker would prefer "The diving team excavated and excavated for almost three years. Finally, they reached the second deck."

6. When you feel comfortable with the text, read it through one last time. You may even want to read it aloud to yourself. Remember that the sentences or expressions you thought clumsy or strange when compared to English do look right and sound fluent to the Spanish speaker. Relax as you reread the selection and try to develop a feel for the way Spanish-speakers express themselves.

Recognizing Cognates and Spelling Patterns

1. Identical cognates are easy to recognize because they are spelled (but not pronounced) the same in both languages.

hotel	*hotel*	**original**	*original*
animal	*animal*	**circular**	*circular*
popular	*popular*	**hospital**	*hospital*

2. Some cognates are nearly identical, with the exception that in English they have a double consonant while in Spanish they have a single consonant.

profesión	*profession*	**inteligente**	*intelligent*
diferente	*different*	**comercial**	*commercial*

3. There are many suffix patterns, that is, regular spelling variations between the two languages that make it easy to identify cognates and related words. Here are some of the main Spanish-English suffix patterns with sample words taken from the reading selections.

	SPANISH ENDINGS	ENGLISH ENDINGS	EXAMPLES	
VERBS	-ar	—	**visitar**	*to visit*
	-er	—	**corresponder**	*to correspond*
	-ir	—	**preferir**	*to prefer*
	-ar	-ate	**imitar**	*to imitate*
			crear	*to create*
	-ir	-e	**dividir**	*to divide*
			producir	*to produce*
	-tener	-tain	**obtener**	*to obtain*
			mantener	*to maintain*
VERBAL ENDINGS	-ado	-ed	**explorado**	*explored*
			reservado	*reserved*
	-ido	-ed	**dividido**	*divided*
			distribuido	*distributed*
	-ado	-ated	**creado**	*created*
			decorado	*decorated*
	-ando	-ing	**planeando**	*planning*
			invitando	*inviting*

	SPANISH ENDINGS	ENGLISH ENDINGS	EXAMPLES	
VERBAL ENDINGS (continued)	-iendo	-ing	**obteniendo** **descubriendo**	*obtaining* *discovering*
ADVERBS	-mente	-ly	**finalmente** **especialmente**	*finally* *especially*
NOUNS	-a	—	**música** **persona**	*music* *person*
	-e	—	**arte** **parte**	*art* *part*
	-o	—	**texto** **respeto**	*text* *respect*
	-a	-e	**estructura** **manufactura**	*structure* *manufacture*
	-o	-e	**caso** **minuto**	*case* *minute*
	-ancia	-ance	**distancia** **importancia**	*distance* *importance*
	-encia	-ence	**independencia** **referencia**	*independence* *reference*
	-ción	-tion	**combinación** **situación**	*combination* *situation*
	-dad	-ty	**identidad** **responsabilidad**	*identity* *responsibility*
	-tad	-ty	**dificultad** **libertad**	*difficulty* *liberty*
	-ia	-y	**familia** **industria**	*family* *industry*
	-io	-y	**matrimonio** **adversario**	*matrimony* *adversary*
	-ismo	-ism	**individualismo** **realismo**	*individualism* *realism*
	-ista	-ist	**optimista** **individualista**	*optimist* *individualist*
	-miento	-ment	**movimiento** **sentimiento**	*movement* *sentiment*

	SPANISH ENDINGS	ENGLISH ENDINGS	EXAMPLES	
ADJECTIVES	-ante	-ant	**importante**	*important*
			tolerante	*tolerant*
	-ente	-ent	**presente**	*present*
			diferente	*different*
	-ico	-ic	**eléctrico**	*electric*
			energético	*energetic*
	-ico	-ical	**idéntico**	*identical*
			histórico	*historical*
	-ivo	-ive	**activo**	*active*
			impulsivo	*impulsive*
	-oso	-ous	**famoso**	*famous*
			nervioso	*nervous*
MISCELLANEOUS SPELLING PATTERNS	es-	s-	**especial**	*special*
	-c-	-c/k-	**atacar**	*to attack*
	-c-	-qu-	**único**	*unique*
	-et-	-ect-	**adjetivo**	*adjective*
	-f-	-ph-	**teléfono**	*telephone*
	-i-	-y-	**sinónimo**	*synonym*
	-j-	-x-	**ejercicio**	*exercise*
	-t-	-th-	**norte**	*north*

4. Other recognizable cognates do not seem to follow predictable patterns. However, it is usually not too difficult to guess their meanings. Here are several additional cognates from the text.

aeropuerto *airport*   **museo** *museum*
gigante *giant*   **población** *population*

5. Spanish has also borrowed some words from English and then given them a Spanish spelling.

confort *comfort*   **suéter** *sweater*
líder *leader*   **volibol** *volleyball*

False Cognates

False cognates are words that look alike in English and Spanish but have different meanings. Here are some of the common false cognates that occur in this book.

		MEANS	DOES NOT MEAN
VERBS	**realizar**	*to accomplish*	to realize ("to realize" is **darse cuenta de**)
	soportar	*to tolerate*	to support ("to support" is **mantener**)
	regresar	*to come back*	to regress ("to regress" is **retroceder**)
NOUNS	**una cacerola**	*a pan*	a casserole (dish) (a "casserole" is **una cazuela**)
	una lectura	*a reading*	a lecture (a "lecture" is **una conferencia**)
	la desgracia	*misfortune*	disgrace ("disgrace" is **la deshonra**)
ADJECTIVES	**sensible**	*sensitive*	sensible ("sensible" is **sensato**)
	gracioso	*witty, funny*	gracious ("gracious" is **amable**)

Partial cognates have related meanings in the two languages, but often they have additional meanings that are not always parallel. Here are some partial cognates that you will encounter in the text.

Popular means "popular" but also "common."
  Esa moda es muy **popular**.
Una carrera means "career" but also "a race."
  La **carrera** empezó a las diez.

PRIMER NIVEL

Preparación para la lectura

Las palabras siguientes están en el texto que vas a leer. Nota el significado de estas palabras.

un apellido

> Un **apellido** es el nombre de la familia de una persona.
> El **apellido** de Francisco es Gómez.

las costumbres

> Las **costumbres** son los hábitos de una persona o de un país.
> Cada país tiene sus **costumbres**.

la ascendencia

> La **ascendencia** es el origen familiar.
> Patricia es de **ascendencia** alemana.

orgulloso(a)

> Ser **orgulloso** significa tener una buena opinión de sí mismo (*oneself*).
> Los jóvenes son muy **orgullosos** de ser hispanohablantes.

1 Nosotros, los hispanohablantes

Estructura: los sustantivos

En los Estados Unidos, un ciudadano° común se llama John   citizen
Smith o John Brown. En el mundo hispano, este ciudadano se
llama Juan García. ¿Es García el apellido hispano más común?
Bueno, miles° de personas tienen este apellido. Según° las   thousands;
estadísticas el apellido García es el más común. Aquí están   According to
otros apellidos comunes del mundo hispano:

González	Fernández
Rodríguez	Pérez
Rivera	Herrera
López	Peña

Pero... ¡Atención! No todos los hispanohablantes tienen apellidos españoles. Muchos hispanos tienen apellidos como Schmidt, Chang, Eisenhauer, Durand, Fantini, Grown, Cohen... No importa° su ascendencia. Los hispanohablantes °doesn't matter son orgullosos de su lengua, el español, de sus costumbres y de su individualismo hispano.

¿Y cuántas personas hablan español? Mira aquí unas estadísticas:

México	85 millones
España	42 millones
Colombia	30 millones
Argentina	28 millones
Estados Unidos	19 millones

Código Territorial: (91)

LOPEZ APARICIO, F. –Gcia Paredes, 21	447 5574
" APARICIO, F. –Gral A. Castro, 30	446 4877
" APARICIO, F. –Construc. Gran Via, 86	242 2436
" APARICIO, G. –A. Olivar, 160	777 3251
" APARICIO, G. –E. Palacios, 215	773 0396
" APARICIO, G. –S. Almenara, 33	777 5459
" APARICIO, G. –Villajimena, 6	776 1360
" APARICIO, I. –Lopez Hoyos, 392	200 0387
" APARICIO, J.	
Andorra (V Esperanza), 91	759 1716
LOPEZ APARICIO, J. –Dque Tamames, 3	413 5341
" APARICIO, J. –Rio Ulla, 4	407 7919
" APARICIO, J. M. Cdad. Periodistas (Edif.	
Camba), Bl. 1	201 9925
LOPEZ APARICIO, L. –Narvaez, 86	274 5467
" APARICIO, L. –Colegio	
G. López (Vicálv.), 15	776 3573
LOPEZ APARICIO, L. –Colegio	
Villacarlos, s/n	776 0230
LOPEZ APARICIO, L. –Discos	
Fdez Rios, 93	243 0503
LOPEZ APARICIO, P. –L. Hoyos Sainz, 14	773 9436
" APARICIO, R. –A. Mellado, 38	243 2695
" APARICIO, R. –B. Garay, 8	445 6852
" APARICIO, R. L. –B. Garay, 8	447 6810
" APARICIO, V. –Automóviles	
J. Martín, 11	471 8794
LOPEZ– APARICIO AREILZA, R. –Ing.	
A. Becerril (Pozuelo), s/n	715 7230
LOPEZ APARICIO GARCIA, J.	
O'Donnell, 15	276 4624
LOPEZ DEL APIO, J. A. –Marcenado, 36	415 1910
" ARA, L. –Modista Gran Via, 56	247 2741
" ARAGO, B. –Tutor, 8	241 2260
" ARAGON, A. –Olmo, 6	239 4574
" ARAGON, D. –Gral D Porlier, 47	402 4871
" ARAGON, F. –E. Velasco, 34	477 4274
" ARAGON, J. –Ansar, 39	463 7810
" ARAGON, J. M.	
Caleruega (P. Chamartin), 8	202 0727
LOPEZ ARAGON, L. –Vg. Roca, 1	404 6189
" ARAGON, M. –Ocaña, 211	717 6484
" ARAGON, P. –P. Nava, 20	213 4250
" ARAGON, R. –Zabalza, 9	754 1482

LOPEZ ARAGONES, C. A. –C. Branco, 14	460 6575
" ARAGONES, M. –P. Reina Cristina, 6	251 7011
" ARAGONES, T. –Card. Cisneros, 66	447 1929
" ARAGONES, V. –Méd. Grai Arrando, 8	447 1188
" ARAGONESES, D. –Barco, 42	231 9951
" ARAGOSA, M. E. –C. Fernández, 49	463 2194
" ARAGOSA, M. E. –Env. Metál.	
N. Rey, 70	464 6686
LOPEZ ARAHUETES, R. –M. Lafuente, 68	233 6141
LOPEZ DE ARANA, J. L. BENLLIURE	
B. Herreros, 66	441 7560
LOPEZ DE ARANA, J. L. BENLLIURE	
B. Herreros, 66	442 0653
LOPEZ DE ARANA, J. L. BENLLIURE	
Zurbano, 98	441 9224
LOPEZ ARANA, M. T. –A. Pilillas, 45	439 8106
" ARANAIZ, E. –D. Silva, 4	464 4547
" ARANDA, A.	
Col. Cdad. Angeles, Bl. 227	217 3930
LOPEZ ARANDA, C. –Sta María, 11	467 4843
" ARANDA, E. –G. Donas, 15	407 7803
" ARANDA, J. M. –A. Ferrant, 5	239 0331
" ARANDA, J. R. –Escritor	
Vgen Aranzazu, 23	729 1527
LOPEZ ARANDA, M. T. –Alberche, 13	239 3255
" ARANDA, S. –A. Fresno, 11	473 6129
" ARANDA, S. –San Magin, 5	260 0896
LOPEZ– ARANDA DOMINGO, E.	
Gral Oraa, 32	261 0859
LOPEZ ARANDA DOMINGO, E.	
R. Calvo, 1	448 7930
LOPEZ ARANDA Y DOMINGO, L.	
Alcalá, 171	226 0080
LOPEZ ARANDILLA, J. L. –J. Alonso, 10	462 5012
" ARANDILLA, L. –Avecilla, 2	461 2660
" ARANGO, J. –Av. Portugal, 159	463 8383
" ARANGO, R. –E. Salazar, 32	415 9480
LOPEZ ARANGUREN E.	
San Mtín Porres, 26	–216 7093
LOPEZ– ARANGUREN JIMENEZ, E.	
San Mtín Porres, 26	216 7093
LOPEZ– ARANGUREN JIMENEZ, J. L.	
G. Treviño, 6	207 8633
LOPEZ– ARANGUREN JIMENEZ, J. L.	
Catedrát. Fortuny, 47	410 5146

¿Comprendiste tú?

Lee las frases siguientes y di si son ciertas o son falsas. Si la frase es
falsa, explica el porqué.

Cierto	Falso	
☐	☐	1. El apellido hispano más común es González.
☐	☐	2. Rivera y Fernández son apellidos comunes.
☐	☐	3. Todos los hispanohablantes tienen apellidos españoles.
☐	☐	4. La lengua de un hispanohablante es el español.
☐	☐	5. Los hispanohablantes son orgullosos de sus costumbres.
☐	☐	6. España es el país que tiene más millones de hispanohablantes.

Aumenta tu vocabulario

A. La identidad

el nombre	*name*
el apellido	*last name*
el domicilio	*address*
la edad	*age*
la profesión	*profession/ occupation*

B. La identificación

el pasaporte	*passport*
la tarjeta de identidad	*school identification card*
la cédula de identidad	*government identification card*
la licencia de conducir	*driver's license*
la tarjeta de la Seguridad Social	*Social Security card*

ACTIVIDAD | 1

1. ¿Cuál es tu nombre? ¿Tienes dos nombres? ¿Tienes apodo (*nickname*)?
2. ¿Cuál es tu apellido? ¿Tienes dos apellidos?
3. ¿Cuál es tu domicilio? ¿En qué pueblo o ciudad está?
4. ¿Qué edad tienes? ¿Eres joven?
5. ¿Cuál es tu profesión?
6. ¿Tienes pasaporte?
7. ¿Cuántas tarjetas de identificación tienes?
8. ¿Tienes licencia de conducir? ¿De qué estado es?
9. ¿Tienes una tarjeta de la Seguridad Social? ¿Cuál es el número de tu Seguridad Social?
10. ¿Por qué necesitas identificaciones?

ACTIVIDAD | 2

Completa las frases siguientes con las palabras de la lista. Lee con cuidado.

profesión	nombre
licencia	edad
apellido	Seguridad Social
tarjeta de identidad	domicilio
ciudadanas	pasaporte

1. Anita es su _____ y Pérez es su _____.
2. Las personas de Puerto Rico son _____ norteamericanas.
3. Para viajar a Europa necesitas un _____.
4. Calle Boyacá 708 es mi _____.
5. Mi primo y yo tenemos diez y seis años. Somos de la misma _____.
6. Tengo una _____ de conducir del estado de Illinois.
7. Necesito una _____ para cambiar (*cash*) un cheque en el banco.
8. Actualmente, mi _____ es estudiante.

ACTIVIDAD | 3

Imagina que eres un(a) periodista (*journalist*). Entrevista (*Interview*) a dos compañeros que están en tu clase de español. Escribe la identidad de las dos personas en una hoja de papel (*sheet of paper*).

Preparación para la lectura

Las palabras siguientes están en el texto que vas a leer. Nota el significado de estas palabras.

una suma

> Una **suma** es la adición de números.
>
> La **suma** de números da un resultado.

un paso

> Un **paso** es un movimiento ordenado.
>
> Los **pasos** de una actividad son una serie de acciones ordenadas.

predecir

> **Predecir** significa anunciar el futuro.
>
> El metereólogo **predice** el tiempo.

sumar

> **Sumar** quiere decir hacer una adición.
>
> El empleado tiene que **sumar** el precio de los artículos.

adelante

> **Adelante** significa continuar.
>
> ¡**Adelante** con la fiesta!

otra vez

> **Otra** vez significa repetir algo.
>
> Por favor, dígalo en español **otra vez.**

2 | ¿Qué número eres?

Estructura: el presente; los números

En la historia del alfabeto cada letra representa un símbolo numérico. En efecto, la relación entre las letras y los números da origen° a la geometría. Más tarde la suma arbitraria de las letras y de los números se usan para «predecir» el futuro.

originates

¿Quieres saber un juego de números y letras? Mira el equivalente numérico de cada letra y sigue° los pasos siguientes:

follow

1	2	3	4	5	6	7	8	9
A	B	C	CH	D	E	F	G	H
I	J	K	L	LL	M	N	Ñ	O
P	Q	R	S	T	U	V	W	X
Y	Z							

Primer paso: Escribe tu nombre con letras mayúsculas°.

capital letters

   Modelo: D I A N A

Segundo paso: Escribe el número apropiado para cada letra. (Mira el cuadro.)

D I A N A
5 1 1 7 1

Tercer paso: Suma todos los números de tu nombre hasta obtener un dígito. Si es necesario, súmalos dos veces.

$5 + 1 + 1 + 7 + 1 = 15$
$15 = 1 + 5 = 6$

Cuarto paso: Verificación.
   Ahora mira el cuadro de números y busca el número seis y las cualidades correspondientes.

Número	Cualidades
1	Eres líder y haces excelentes decisiones. Vas a tener un trabajo de mucha responsabilidad. Puedes ser científico(a)°.
2	Eres cortés° y tienes suerte. Vas a tener un trabajo creativo. Quizás vas a ser diseñador(a)°.

scientist

courteous

designer

Número	Cualidades	
3	Eres energético y listo°. Tu trabajo va a ser muy interesante. Te gusta escribir y puedes ser periodista.	clever
4	Eres conservador y ordenado. Vas a tener éxito en tu profesión. Quizás vas a ser programador(a) o ingeniero(a).	
5	Eres energético y activo. Te gustan los negocios°. Vas a ser independiente. Quizás vas a ser vendedor(a) viajero(a).	business
6	Eres generoso y sensible°. Vas a obtener una posición en el campo° de las artes. Quizás vas a ser profesor(a).	sensitive field
7	Eres reservado e inteligente. Vas a tener una profesión en el campo de las ciencias. Quizás vas a ser doctor(a) o ingeniero(a).	
8	Eres muy trabajador y persistente. Vas a tener éxito en las ciencias sociales. Puedes ser trabajador(a) social.	
9	Eres decidido° e inteligente. Vas a tener una posición en el campo de las ciencias y de los negocios. Puedes ser gerente° de una compañía.	determined manager/ executive

El número seis indica que:

Diana es generosa y sensible. A ella le gusta el campo de las artes. Quizás va a ser profesora.

¿Y tú? ¿Cuál es tu número? ¿Qué futuro te predice el cuadro? ¡Adelante! Da los números a las letras de tu nombre y juega.

¿Comprendiste tú?

Lee el texto y completa las palabras que faltan (*that are missing*). Mete las palabras en los cuadros respectivos. Vas a descubrir el nombre de una ciencia que estudia los números y sus propiedades.

1. El __ __ __ ☐ __ __ __ __ es la lista de todas las letras.

2. La relación entre letras y números es la __ __ __ __ __ __ ☐ __ __ .

3. Las letras y los números sirven para __ __ __ __ __ __ ☐ __ el futuro.

4. El ☐ __ __ __ __ __ paso de este juego es la suma de los números.

5. Cada letra de tu __ __ ☐ __ __ __ y tu apellido tiene un dígito.

6. Cada letra tiene un equivalente __ __ __ ☐ __ __ __ __ .

7. La suma de los números es el __ __ __ __ ☐ __ __ __ .

8. El __ __ ☐ __ __ __ paso es la verificación.

9. *Adelante* significa ☐ __ __ __ __ __ __ __ .

10. A Diana García le gustan las ☐ __ __ __ __ .

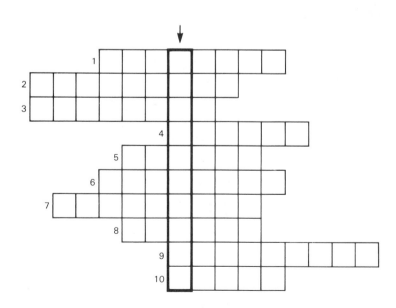

Aumenta tu vocabulario

Los números ordinales

1° primero	6° sexto
2° segundo	7° séptimo
3° tercero	8° octavo
4° cuarto	9° noveno
5° quinto	10° décimo

Nota:

1. Los números ordinales son adjetivos. Pueden ser masculinos, femeninos, singular o plural según el sustantivo.

   Juan vive en la **primera** casa.

   Rosa es la **segunda** atleta.

2. Primero cambia a **primer** y tercero cambia a **tercer** enfrente de un sustantivo masculino.

   Yo vivo en el **primer** piso.

   Él gana el **tercer** premio.

3. Después del número **décimo**, puedes usar los números cardinales.

   La Srta. Flores vive en el piso **doce**.

ACTIVIDAD | 1

Tú eres el juez (*judge*) de un evento deportivo. Anuncia el nombre y el orden de los atletas que reciben premios.

> **Modelo:** José (2)
>
> *José recibe el segundo premio.*

1. Juan Manuel (5)
2. Melania (3)
3. Luis Arturo (6)
4. María Isabel (8)
5. Pablo (9)
6. Clarita (4)
7. Julián (10)
8. Lilia (7)
9. Pedro (1)

ACTIVIDAD | 2

Mañana Manuel va a tener una fiesta en su casa. Ayúdalo a organizar su día, y pon en orden los eventos. Escribe el número ordinal de lo que tiene que hacer en la columna izquierda.

Orden	Eventos
_____	• Salgo del colegio a las dos.
_____	• Preparo la comida.
_____	• Voy al colegio, tengo clases.
_____	• Llamo a mi primo Marcos.
_____	• Compro la comida para la fiesta.
_____	• Pongo la mesa.
_____	• Almuerzo con Rodrigo en la cafetería.
_____	• Sirvo la comida.
_____	• Me levanto a las siete de la mañana.
_____	• Voy al supermercado con Marcos.

Aumenta tu vocabulario

Unas formas geométricas

	sustantivo	adjetivo
	un triángulo	triangular
	un cuadrado	cuadrangular
	un rectángulo	rectangular
	un hexágono	hexagonal
	un círculo	circular
	un óvalo	ovalado(a)
	una línea recta	derecho(a)
	una curva	curvo(a)

ACTIVIDAD | 3

Describe la forma de los objetos siguientes.

1. la bandera (*flag*) de los Estados Unidos
2. una pelota de fútbol americano
3. una pelota de golf
4. un huevo
5. un disco
6. la pantalla (*screen*) de una computadora
7. tu reloj
8. tu casa
9. la mesa de tu comedor
10. tu libro de español

Usa tu imaginación

Estos jóvenes piensan en su futuro. En tu opinión, ¿qué cualidades deben tener para las profesiones que quieren? Describe las cualidades.

1. Julián quiere construir casas. Quiere ser ingeniero civil.
2. Anita desea viajar por todo el mundo. Quiere ser aeromoza (*flight attendant*).
3. A Miguel le fascinan las computadoras. Desea ser programador.
4. A Roberto le gusta el arte. Algún día quiere ser director de un museo.
5. María Eugenia adora a los niños. Quiere ser doctora.

Preparación para la lectura

Las palabras siguientes están en el texto que vas a leer. Nota el significado de estas palabras.

el acampar

> El **acampar** es vivir en una tienda de campaña (*tent*).
>
> El **acampar** es una actividad al aire libre.

el temperamento

> El **temperamento** es la personalidad de alguien.
>
> Dolores tiene un **temperamento** independiente.

la basura

> La **basura** consiste de cosas que no sirven: papeles, latas (*cans*), etc.
>
> No debes echar (*throw*) **basura** en las calles.

la soledad

> La **soledad** es el estado de estar solo.
>
> A algunos campistas les gusta la **soledad**.

la muchedumbre

> La **muchedumbre** significa mucha gente.
>
> La **muchedumbre** en la calle hace mucho ruido.

3 | ¡Al aire libre!

Estructura: varios tiempos

¿Dónde te quedas° durante las vacaciones, en un hotel? ¡Es muy caro! Felizmente hay otra solución. Esta solución es muy económica y muy independiente: el acampar.

Tú puedes escoger entre una tienda de campaña° y una caravana°, y entre un campamento aislado° o un campamento público. Hoy en día, el acampar es más y más popular en España. Cada año cientos de españoles y de turistas pasan las vacaciones de esta manera.

Hemos pedido a estos jóvenes españoles sus opiniones. Están en la página siguiente.

you stay

tent
camper (trailer);
isolated

A favor de acampar

Maura Cevallos

Para apreciar la naturaleza, hay que° vivir con ella. Para mí la naturaleza no es ver el ocaso del sol° desde la ventana de un hotel. Es lavarme con el agua fresca de un río.

it's necessary
sunset

José Vasconcelos

A mí me gusta el confort. Pero para apreciar el confort, es necesario de vez en cuando pasar sin él. Yo acampo cada año. El aire fresco, el ejercicio y la naturaleza me reviven.

Elena Garcés

Vivo en una ciudad de millones. De vez en cuando me gusta la soledad. El acampar es trabajo y tiene riesgos°. Pero...las ventajas compensan° los inconvenientes.

risks
make up for

Dolores Marcet

Para mí el acampar va con mi temperamento independiente. Puedo escoger° un lugar de acampar que me guste y si no me gusta, escojo otro. El acampar es sinónimo de la libertad.

choose

Contra el acampar

Andrés Pozo

No quiero estar en contacto con la naturaleza. ¿Con mosquitos y con hormigas°? ¡No!

ants

Josefina Fábregas

El acampar es peligroso. Tengo un primo que era fanático del acampar. El año pasado él y sus amigos fueron atacados por un animal salvaje°.

wild animal

Alberto Balladares

Los que van a acampar siempre hablan de la belleza de la naturaleza. En realidad ellos la destruyen. A veces es muy obvio donde los campistas han estado°. ¿Qué hay? Hay botellas vacías, latas de comida y basura que estas personas dejan°. ¡El acampar no debe ser permitido!

have been
leave behind

Sara Yépez

¿La soledad? ¿La naturaleza? Visita varios campamentos. Están llenos de gente. Tiendas de campaña, radios transistores, televisores portátiles... ¡Qué ruido! ¿Yo? ¿Ir a acampar con la muchedumbre? ¡No gracias!

¿Comprendiste tú?

El texto que has leído contiene las opiniones de unos jóvenes. Di si estás de acuerdo o estás en desacuerdo con las opiniones siguientes y explica el porqué.

De acuerdo	En desacuerdo	
☐	☐	1. El acampar es económico.
☐	☐	2. El acampar permite estar cerca de la naturaleza.
☐	☐	3. El acampar hoy en día es más popular que antes.
☐	☐	4. En los campamentos públicos hay muchas tiendas de campaña y caravanas.
☐	☐	5. Es mejor acampar en un lugar aislado.
☐	☐	6. El acampar contribuye a la contaminación de la naturaleza.
☐	☐	7. Los peligros de acampar son mínimos.
☐	☐	8. El acampar tiene ventajas y desventajas.
☐	☐	9. Algunos campistas echan basura en el campamento que usan.
☐	☐	10. El ruido contamina la naturaleza.

Aumenta tu vocabulario

A. **El acampar**

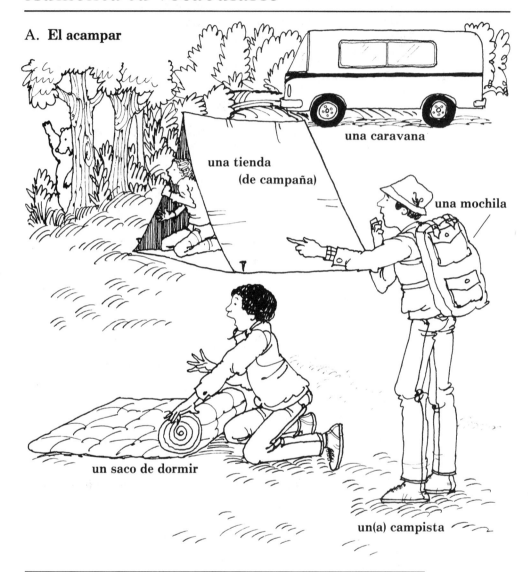

una caravana

una tienda
(de campaña)

una mochila

un saco de dormir

un(a) campista

Precio diario			
adulto	800 pesetas		
niño	400 pesetas	coche	2.000 pesetas
tienda individual	400 pesetas	caravana	2.500 pesetas
tienda familiar	2.000 pesetas	motocicleta	1.000 pesetas

B. Otros alojamientos (*lodgings*)

un parador

Un **parador** nacional es un hotel del gobierno (*government*) que ofrece servicio excelente y precios razonables.

Muchos **paradores** son lugares históricos de mucho interés.

un albergue

Un **albergue** es un hotel del gobierno. Pero es más pequeño y menos lujoso (*luxurious*) que un parador.

En España hay muchos **albergues** juveniles.

una pensión

Una **pensión** es una casa-hotel o una casa de huéspedes (*boarding house*).

Cuando viajan, muchos estudiantes universitarios se quedan en **pensiones**.

una hostería

Una **hostería** es una posada (*inn*) donde se da comida y alojamiento.

Algunas **hosterías** tienen restaurantes famosos.

ACTIVIDAD | 1

Hay un parador nacional muy bello e histórico en la ciudad de Santiago de Compostela en España. Fue palacio, convento y oficinas de gobierno. Para saber el nombre de este parador, completa el siguiente crucigrama.

El parador de

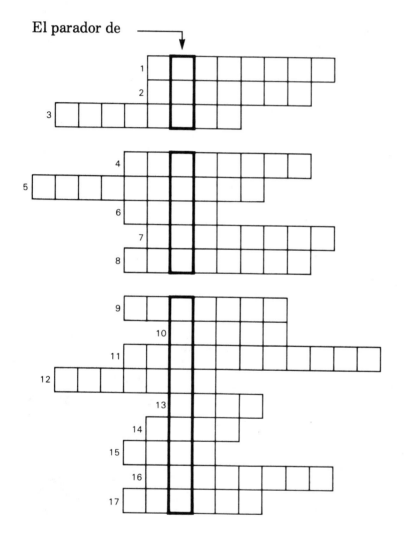

1. hotel pequeño del estado
2. cosa que contiene algo líquido
3. persona que acampa
4. vehículo para acampar
5. lugar para acampar
6. quinto mes del año
7. lo contrario de construir
8. insecto que vuela (*flies*)
9. muchos campistas llevan esta cosa en la espalda
10. levantar una tienda de campaña
11. vehículo de dos ruedas con motor
12. casa de huéspedes
13. algo de metal que contiene comida
14. persona muy joven
15. cosa que sirve para dormir en un campamento
16. posada que da comida y alojamiento
17. cosas que no sirven

MENS. $4,000

AHORRE $4,000
Tienda para 6 personas
De $36,499 a **$32,499**
Mide 2.05x3.00x1.75 m. Otra para 3 personas de $17,999 a **$15,999.**

ACTIVIDAD | 2

Imagina que vas a tomar una vacación al aire libre. Vas a acampar con tus amigos. Haz una lista de las cosas que necesitan llevar.

ACTIVIDAD | 3

Vas a pasar tu semana de vacaciones en la Costa de Sol, en el sur de España. Pregúntale al agente de viajes las siguientes cosas. Tu compañero puede hacer el papel del agente de viajes.

1. Pregúntale el precio del hotel o del albergue la semana completa.
2. Pregúntale si tiene un restaurante. ¿Cómo es? (¿Es grande o pequeño?) ¿Cómo es la comida? (¿excelente? ¿buena? ¿regular? ¿así, así?)
3. Pregúntale si hay televisor. ¿ascensor (*elevator*)? ¿teléfono?
4. Pregúntale si hay una piscina. ¿Cómo es la piscina? ¿grande o pequeña?
5. Pregúntale acerca de (*about*) la distancia. ¿Está cerca o lejos de la playa? ¿Está cerca o lejos del centro?

Usa tu imaginación

Eres el líder en un viaje de acampar. Los chicos se quejan (*complain*) y tú tienes que solucionar sus problemas. Di como respondes a estas quejas (*complaints*). Usa la lógica y la imaginación.

1. «Hace mucho frío.»
2. «Tengo hambre y sed.»
3. «Soy alérgico a los mosquitos.»
4. «Oigo ruidos y tengo miedo.»
5. «Acabo de perder mi mochila.»

Crea un diálogo corto sobre un incidente en un campamento. Usa una de las ideas siguientes si tú quieres.

1. un animal salvaje
2. un fuego (*fire*)
3. un cambio de temperatura drástico (*sudden*)
4. la falta de (*lack of*) artículos esenciales

Preparación para la lectura

Nota el significado de las palabras siguientes. Estas palabras están en el texto que vas a leer.

un maratonista

> Un **maratonista** es la persona que participa en una carrera (*race*) muy larga.
>
> Ese **maratonista** tiene mucha resistencia (*endurance*) física.

una moda

> Una **moda** significa una costumbre actual (*current*).
>
> El **correr** es una moda deportiva.

un beneficio

> Un **beneficio** es un resultado bueno.
>
> El correr tiene muchos **beneficios**.

respirar

> **Respirar** es inhalar y expeler aire.
>
> El correr ayuda a **respirar** mejor.

fortalecer

> **Fortalecer** es adquirir más fuerza (*strength*).
>
> Los deportes **fortalecen** al cuerpo.

gozar (de)

> **Gozar** significa tener gusto en algo.
>
> El señor **goza** de los deportes.

¡El correr: un deporte beneficioso!

Estructura: el presente; *por* y *para*

¡Corren, corren, corren! Hombres y mujeres. Jóvenes y viejos. Mucha gente corre por las calles y por los parques. Unos corren diariamente°, otros corren de vez en cuando°. Algunos corren tres kilómetros, otros corren cinco y otros corren mucho más. Algunos son maratonistas. ¡Aún unas personas en sillas de ruedas° compiten en maratones! ¿Y tú? ¿Corres tú?

daily; once in a while

wheelchairs

El correr no es un deporte nuevo. Es un deporte muy antiguo. El correr es una habilidad natural de la gente. La gente corría° de sus enemigos y corría para cazar° y obtener su comida. Pero hoy en día, el correr es una moda. Es un deporte muy practicado. Por eso hay libros, revistas y películas sobre este deporte. ¡Y también hay industrias de zapatos y ropa! El correr es un deporte internacional.

used to run away; hunt

Hoy en día el jogging, una forma del correr, es muy popular. ¿Por qué se practica tanto el jogging? Bueno, todo el mundo quiere mantenerse en buena condición física. Es un deporte económico que tiene muchos beneficios físicos y mentales. Para practicar este deporte tú necesitas solamente una camisa o una camiseta°, un pantalón y zapatos cómodos. Algunos de los beneficios son:

T-shirt

- hacer funcionar muchos músculos inertes

- fortalecer el corazón° y los pulmones°

heart; lungs

- dar oxígeno a la sangre°

blood

- ayudar a respirar mejor

- mantener su apariencia joven

- bajar de peso°

lose weight

Además, al correr tú experimentas°:

experience

- una sensación de libertad

- un sentimiento° de seguridad

feeling

- un relajo° absoluto

relaxation

- un antídoto contra la inactividad

Tú no tienes que ser maratonista como Alberto Salazar o Joan Benoit para participar en carreras atléticas y gozar de este deporte. A las personas atléticas y a quienes les gustan las competencias encuentran° el correr un deporte estimulante° porque en el correr uno compite con uno mismo.

find; stimulating

¿Comprendiste tú?

Presta atención a las frases siguientes. Escoge la respuesta *a, b* o *c*
que **no** conviene.

1. El correr es para...
   a. hombres y mujeres.
   b. jóvenes y viejos.
   c. calles y parques.

2. Mucha gente corre...
   a. maratonistas.
   b. de vez en cuando.
   c. diariamente.

3. Hay libros y revistas sobre el correr porque...
   a. es un deporte nuevo.
   b. es muy practicado.
   c. es una moda.

4. El jogging es popular porque ayuda a obtener beneficios...
   a. físicos.
   b. mentales.
   c. económicos.

5. No cuesta mucho practicar el correr porque solo necesitas comprar...
   a. zapatos.
   b. camiseta y pantalón.
   c. sombrero.

6. El correr fortalece...
   a. los músculos.
   b. el oxígeno.
   c. los pulmones.

7. Con el correr experimentas...
   a. inactividad.
   b. relajo.
   c. libertad.

Aumenta tu vocabulario

Partes del cuerpo humano

La cabeza

la barbilla	*chin*	los ojos	*eyes*
la boca	*mouth*	las cejas	*eyebrows*
los labios	*lips*	las pestañas	*eyelashes*
los dientes	*teeth*	el pelo	*hair*
la nariz	*nose*	el cuello	*neck*
las orejas	*ears*		

El cuerpo

el dedo — la mano — el codo — el pecho — el hombro — el brazo — la espalda — la uña — la rodilla — la pierna — el tobillo — el pie

Verbo

doler (ue) = *to hurt, to feel pain*

Nota:

1. **Doler** is conjugated like the verb **gustar**. It only has two forms in the present tense—**duele** and **duelen**. Use **duele** when the part of the body you are referring to is singular and **duelen** when it is plural.

2. Use the definite article (**el, la, los, las**) with parts of the body.

Me duele la cabeza.	*My head hurts.*
Te **duelen** los hombros.	*Your shoulders hurt.*
Le **duele** la barbilla.	*His chin hurts.*
Nos **duelen** las manos.	*Our hands hurt.*

ACTIVIDAD | 1

Lee con cuidado. Empareja (*Match*) las dos columnas de la mejor manera posible. Usa la lógica.

A	B
__ 1. Para comer usamos la...	a. nariz
__ 2. Para leer usamos los...	b. cabeza
__ 3. Para escuchar usamos las...	c. piernas
__ 4. Para correr usamos las...	d. brazos
__ 5. Para pensar usamos la...	e. mano
__ 6. Para respirar usamos la...	f. pestañas
__ 7. Para escribir usamos la...	g. codo
	h. orejas
	i. boca
	j. ojos

ACTIVIDAD | 2

Los siguientes jóvenes son muy activos. A causa de su actividad ahora les duele algo. Di qué consecuencias sufren. ¿Qué les duele?

Modelo: Anita baila toda la noche.
A ella le duelen los pies.

1. Juan juega al volibol por tres horas.
   A él le duele(n) _____.
2. Los atletas corren quince millas.
   A ellos les duele(n) _____.
3. Yo escribo por dos horas.
   A mí me duele(n) _____.
4. Ramón lee cinco horas.
   A él le duele(n) _____.
5. Nosotros nadamos dos horas.
   A nosotros nos duele(n) _____.
6. Juanita hace gimnasia aeróbica toda la tarde.
   A ella le duele(n) _____.

ACTIVIDAD | 3

Acabas de recibir un mensaje (*message*) de tu amigo. Pero ¡qué lástima! Toda la información está en desorden. Ordena la información para recibir el mensaje.

Querido amigo(a)

1. en / a / correr / voy / maratón / Boston / de / abril / el
2. condición / buena / estoy / física / en
3. tengo / veinte / un / después de / problema / correr / millas
4. pies / y / piernas / duelen / muchísimo / me / los / las
5. ¿ / ? / recomendarme / zapatos / puedes / unos / mejores

Aumenta tu vocabulario

Por y Para
Nota el uso de **por** y **para** en los siguientes ejemplos.

por	*for* (exchange)	Pago cuarenta dólares **por** los zapatos.
	through (location)	Camino **por** el mercado.
	for (benefit)	Hace mucho **por** su hijos.
	for (time)	Van a Europa **por** tres semanas.
	because of (reason)	No juegan **por** la lluvia.
	for (in place of)	Hoy Elena trabaja **por** Juan.
	per	Gano cuatro dólares **por** hora.
	by (means)	El paquete va **por** avión.
para	*for* (recipient)	Compran el regalo **para** Anita.
	for (time deadline)	Tienen tarea **para** mañana.
	in order to become	Estudia **para** ingeniero.
	in order to	Corre **para** mantenerse en buena salud.
	for (destination)	Salen **para** Madrid el jueves.

ACTIVIDAD | 4

Completa con el uso apropiado de **por** o **para**.

1. Raquel acaba de pagar treinta dólares _____ unos zapatos muy cómodos.
2. El correr es un deporte beneficioso _____ la salud..
3. No se necesita gastar mucho dinero _____ practicar el jogging.
4. Miles de personas van a la meta (*finish line*) del maratón _____ ver llegar a los corredores.
5. Pagué doce dólares _____ una camiseta sencilla. ¡Qué inflación!
6. Corrió _____ los parques diariamente _____ prepararse físicamente.
7. Es necesario practicar un deporte _____ bajar de peso.
8. Corre _____ su salud pero también corre _____ ganar premios.
9. Después del maratón, Rogelio fue _____ dos días a esquiar en las montañas.
10. ¡Llegó en segundo lugar _____ cuarenta segundos! _____ eso estuvo muy triste.

Usa tu imaginación

Responde a las siguientes preguntas:

1. ¿Te gusta correr? ¿Sí o no? Explica el porqué.
2. ¿Piensas que el correr es un deporte beneficioso? Explica el porqué de tu contestación.
3. ¿Te mantienes activo(a)? ¿Qué deporte practicas?
4. ¿Qué te duele si practicas demasiado tu deporte favorito?

Preparación para la lectura

Estas palabras están en el texto que vas a leer. Nota el significado de estas palabras.

tonto(a)

> Una persona **tonta** no es muy inteligente.
> Pedro es **tonto.**

pensar (ie)

> **Pensar** significa planear (*plan*) hacer algo.
> **Pienso** hacer un viaje a Europa.

pedir disculpas

> **Pedir disculpas** quiere decir presentar una excusa.
> El niño **pide disculpas** a su compañero por el accidente.

sobrevivir

> Sobrevivir significa continuar la vida a pesar de (*in spite of*) los problemas y circunstancias.
> En la vida moderna es necesario **sobrevivir** las dificultades.

de aquí en adelante

> **De aquí en adelante** significa desde este momento hasta siempre.
> **De aquí en adelante** voy a ser muy responsable.

5 ¿Optimista o pesimista?

Estructura: *acabar de* + infinitivo
ser y *estar* (actitudes y emociones)

¿Das mucha importancia a los problemas de la vida diaria? ¿Eres optimista o pesimista? Al responder a este cuestionario, tú vas a poder analizar un aspecto importante de tu personalidad.

1. Acabas de tener tu primer accidente automovilístico. ¿Qué piensas tú?
   a. Tú vas a conducir con más cuidado.
   b. Crees que los otros conductores son tontos e irresponsables.
   c. De aquí en adelante piensas usar solamente el transporte público.

2. Deseas viajar a Europa este verano. Al contar tu dinero te das cuenta de que no vas a tener la cantidad suficiente. ¿Qué haces tú?

   a. Decides viajar el próximo verano.
   b. Piensas que la vida es dura y difícil.
   c. Sabes que nunca vas a hacer este viaje.

3. Acabas de recibir una mala nota° en el examen de español. ¿Qué piensas tú?   grade

   a. La próxima vez voy a estudiar más.
   b. El profesor es injusto.
   c. Nunca voy a aprender español.

4. Acabas de tener un disgusto serio con tu mejor amigo(a). ¿Qué piensas tú?

   a. En dos o tres días Uds. van a ser amigos otra vez.
   b. Tu amigo(a) debe pedirte disculpas.
   c. Es el fin de la amistad°.   friendship

5. Tu mejor amigo(a) va a tener una fiesta. Tú no recibes una invitación. ¿Qué piensas tú?

   a. Es simplemente un olvido de tu amigo.
   b. Tu amigo debe aprender más cortesía.
   c. Tu amigo es realmente tu enemigo.

Ahora, analiza tus respuestas.

- Si tú tienes la respuesta «A» tres veces, tú eres muy optimista. Tú sabes sobrevivir los problemas de la vida diaria.

- Si tú tienes la respuesta «B» tres veces, tú eres bastante pesimista. Tienes que aprender a ser más flexible.

- Si tú tienes la respuesta «C» tres veces, tú eres muy pesimista. Tienes que aprender a aceptar a tus amigos y a sobrevivir los problemas diarios.

Aumenta tu vocabulario

A. Unas actitudes

Nota: El verbo **ser** se usa para indicar características permanentes de la personalidad.

1. **ser justo/injusto** *to be fair/unfair*
   Se debe **ser justo** con todo el mundo.
   Si **eres injusto** no vas a tener amigos.

2. **ser sensible/insensible** *to be sensitive/insensitive*
   Los artistas **son** personas muy **sensibles.**
   Hay personas que **son insensibles.**

3. **ser entusiasta/indiferente** *to be enthusiastic/indifferent*
   Beatriz **es muy entusiasta,** siempre dice algo bueno.
   Melania **es indiferente,** nunca dice nada.

4. **ser flexible/inflexible** *to be flexible/inflexible*
   En los negocios las personas **son flexibles.**
   A veces los adultos **son inflexibles.**

B. Unas emociones

Nota: El verbo **estar** se usa para describir emociones y sentimientos.

1. **estar calmado/furioso** *to be calm/angry*
   Una persona que **está calmada** no tiene disgustos.
   Cuando alguien **está furioso** reacciona irracionalmente.

2. **estar reposado/inquieto** *to be relaxed/worried*
   Cuando se **está reposado** no se preocupa mucho.
   Una persona nerviosa siempre **está inquieta.**

3. **estar contento/descontento** *to be happy/unhappy*
   Felipe **está contento** con sus buenas notas.
   Paco **está descontento** porque acaba de recibir una mala nota.

ACTIVIDAD | 1

Di si admiras o no admiras a las siguientes personas, y di por qué
tienes esa opinión. Usa las palabras de la sección «Aumenta tu
vocabulario».

Modelo: mi hermano

Admiro a mi hermano porque es optimista.

1. el (la) alcalde de tu ciudad
2. tu mejor amigo(a)
3. tu cantante favorito(a)
4. el presidente de los Estados Unidos
5. el (la) director(a) de tu colegio
6. Julio Iglesias
7. el rey Juan Carlos de España
8. la princesa Diana
9. tu profesor(a) favorito(a)
10. la hermana Teresa

ACTIVIDAD | 2

Para saber este refrán, completa las frases con las palabras
correctas. Luego mete las letras numeradas en el lugar apropiado.

1. Lo contrario de reposado es: __ __ __ __ __ __ __
                                              1

2. Alguien que piensa que todo sale mal es: __ __ __ __ __ __ __ __ __
                                              3   2   6

3. Lo contrario de calmado es: __ __ __ __ __ __
                                        4   7

4. Una persona dura que no cambia de opinión es:

__ __ __ __ __ __ __ __ __
 5

NO HAY ROSAS SIN __ __ __ __ __ __ __ *
                   1 2 3 4 5 6 7

(*One must take the bitter with the sweet.)

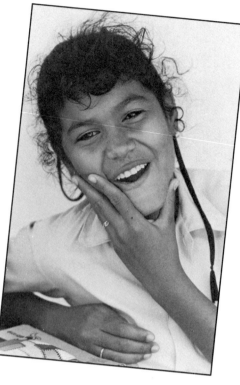

ACTIVIDAD | 3

¿Cuáles son tus actitudes? ¿Cuáles son tus emociones? Describe tu personalidad en un párrafo de 8 a 10 líneas.

Usa tu imaginación

Describe dos situaciones en las que tú debes:

1. pedir disculpas
2. sobrevivir dos pequeños disgustos de la vida diaria

Preparación para la lectura

Estas palabras están en el texto que vas a leer. Presta atención al significado de las palabras.

una gema

Una **gema** es una piedra (*stone*) muy valiosa.

El diamante es una **gema.**

las herramientas

Las **herramientas** son las cosas que usa un trabajador para hacer su trabajo.

Un carpintero tiene **herramientas** especiales.

un indígena

Un **indígena** es la persona nativa de un lugar.

Los **indígenas** de México y el Caribe usan el ámbar para adornarse.

los principios

Los **principios** son los primeros años.

El ámbar se empieza a explotar a **principios** del siglo XX.

un amuleto

Un **amuleto** es algo que la gente piensa que trae suerte.

Para muchos hispanos el ámbar es un **amuleto** favorito.

extraer

Extraer quiere decir sacar o obtener algo.

Los trabajadores **extraen** los metales de las minas.

6 | El ámbar: oro fósil

Estructura: *saber* y *conocer*

¿Conoces algunas piedras preciosas? ¿Sabes lo que es una esmeralda, un rubí, un diamante o un ópalo? ¿Sabes de qué color son? La esmeralda es verde, el rubí es rojo, el diamante es transparente y el ópalo es blanco con reflejos° de colores variados. Todas estas piedras preciosas son caras y se usan mucho en joyas° finas.

    ¿Sabes lo que es un ámbar? ¿De qué color es? El ámbar es también una gema preciosa de color amarillo. Pero... no es una piedra. Es una resina° fosilizada por millones de años. ¡El ámbar es una gema de origen vegetal!

    El ámbar, que es la resina vegetal de cierto tipo de árboles, se produjo hace treinta millones de años. Muchos insectos y pedacitos° de plantas quedaron atrapados en la resina. Por eso muchos ámbares tienen residuos de insectos fósiles.

    El ámbar se encuentra en diferentes capas° minerales de la tierra en los sedimentos de un lago o de un río. La extracción del ámbar es muy difícil. Es un trabajo manual, donde el trabajador necesita usar picos° y palas° y otras herramientas en lugares casi inaccesibles. Después de extraerlo, es necesario pulirlo° con mucho cuidado. El pulir el ámbar es un arte.

reflections

jewelry

sap

tiny pieces

layers

pick-axes; shovels

to polish it

Aunque gran parte de los depósitos de ámbar se encuentran en Dinamarca°, Polonia°, Rusia y otros países bálticos, hay también depósitos de ámbar en el continente americano. Hay gran cantidad de ámbar en México, Alaska y en Santo Domingo, la capital de la República Dominicana. *(Denmark; Poland)*

Los indígenas de México y del Caribe usan el ámbar como adorno y como amuleto. El ámbar es la gema que trae la buena suerte. A pesar de la belleza, del valor y de las cualidades de esta gema, el ámbar no se empezó a explotar en el mundo hispano hasta los principios del siglo XX.

El ámbar más conocido es el dominicano. El ámbar dominicano es amarillo transparente y varía de amarillo claro° a amarillo rojizo°. Además puedes encontrar el ámbar azul. Este ámbar es el más raro, porque no es azul. En realidad es amarillo y brilla° con reflejos azules cuando le da la luz del sol. *(light; reddish; it shines)*

Los dominicanos han trabajado mucho con el ámbar y saben hacer joyas magníficas con estas gemas. En la capital dominicana puedes comprar collares, pulseras, pendientes y otras joyas. Todas hechas° de ámbares pulidos con alambres° de oro. *(made; wires)*

Si tienes un ámbar, tú tienes una gema que trae suerte y también tienes un pedazo° de tiempo. ¡Un pedazo que tiene treinta millones de años! *(piece, portion)*

¿Comprendiste tú?

Lee con mucho cuidado. Para cada frase de la lectura que acabas de leer, hay dos respuestas correctas y una incorrecta. ¿Cuál es la **incorrecta**?

1. El ámbar es una gema preciosa de color . . .
   a. amarillo transparente.
   b. amarillo rojizo.
   c. azul.

2. Hay depósitos de ámbar en . . .
   a. España.
   b. México, Alaska y la República Dominicana.
   c. Dinamarca y Rusia.

3. Para extraer el ámbar hay que usar . . .
    a. picos y palas.
    b. las manos y unas herramientas.
    c. unos alambres de oro.

4. Los dominicanos son conocidos en el mundo hispano por . . .
    a. tener muchas joyas finas.
    b. pulir el ámbar muy bien.
    c. hacer joyas de ámbares pulidos.

5. Los indígenas de México y del Caribe usaban el ámbar . . .
    a. como resina.
    b. como un amuleto para traer la buena suerte.
    c. como ornamento.

Aumenta tu vocabulario

A. Las joyas o las alhajas (*jewelry*)

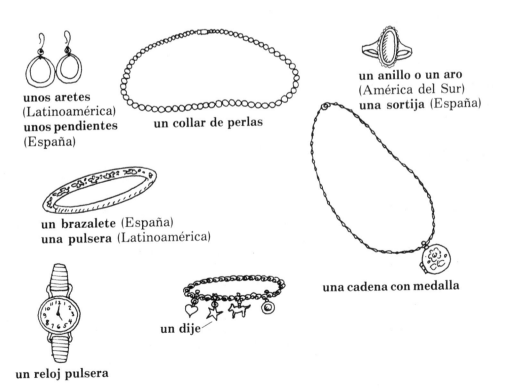

unos aretes
(Latinoamérica)
unos pendientes
(España)

un collar de perlas

un anillo o un aro
(América del Sur)
una sortija (España)

un brazalete (España)
una pulsera (Latinoamérica)

una cadena con medalla

un reloj pulsera

un dije

B. Las piedras y los meses

¿Sabes qué piedra corresponde al mes de tu nacimiento?
¿Sabes de qué color es esa piedra? Para saber, mira la lista.

enero	el granate (*garnet*)	rojo
febrero	la amatista (*amethyst*)	violeta
marzo	el aguamarina	azul-verde
abril	el diamante	transparente
mayo	la esmeralda	verde
junio	la perla	blanco
julio	el rubí	rojo
agosto	el ágata (*agate*)	amarillo
septiembre	el zafiro (*sapphire*)	azul
octubre	el ópalo	blanco/azul-verde
noviembre	el topacio (*topaz*)	amarillo
diciembre	la turquesa	azul-verde

Expresiones idiomáticas que indican que una persona es amable y simpática:

¡Es una joya! ⎫
¡Es una alhaja! ⎬ *What a jewel!*

¡Es un dije!   *What a treasure!*

ACTIVIDAD | 1

Imagínate que ganas la lotería. Di cuáles joyas vas a obtener para los cumpleaños de las siguientes personas.

1. tu amigo(a)
2. tu profesor(a) favorito(a)
3. tu novio(a)
4. tu padre/madre
5. tu abuelo(a)

LEVISON'S

ESPECIALISTAS EN DIAMANTES. EFECTIVO SIN LIMITES SOBRE PRENDAS, MONEDAS Y PINTURAS ANTIGUAS. PLATA, RELOJES, DIAMANTES Y JOYERIA EN GENERAL.

PREGUNTE POR "PEPE"

ACTIVIDAD | 2

Completa las frases con la palabra correcta y luego búscalas en el buscapalabras.

1. una piedra preciosa de color azul: __ __ __ __ __ __
2. resina vegetal: __ __ __ __ __
3. capital de la República Dominicana: __ __ __ __ __ __
    __ __ __ __ __ __
4. piedra del mes de mayo: __ __ __ __ __ __ __ __
5. algo que dice la hora: __ __ __ __ __ __
6. otra palabra para *joyas:* __ __ __ __ __ __ __ __
7. sinónimo de *anillo:* __ __ __ __ __ __ __
8. unos aretes en España: __ __ __ __ __ __ __ __ __
9. la piedra del mes de julio: __ __ __ __ __
10. el mes de la perla: __ __ __ __ __ __
11. una joya para el cuello: __ __ __ __ __ __
12. país báltico: __ __ __ __ __ __ __ __ __
13. piedra de color amarillo: __ __ __ __ __ __ __
14. estado de los Estados Unidos: __ __ __ __ __ __
15. persona amable y simpática: __ __ __ __ __

S	A	N	T	O	D	O	M	I	N	G	O
O	P	E	N	D	I	E	N	T	E	S	Z
R	E	L	O	J	N	P	Á	O	M	A	A
T	C	O	L	L	A	R	M	P	A	L	F
I	R	U	D	S	M	R	B	A	L	H	I
J	U	N	I	O	A	L	A	C	A	A	R
A	B	O	J	R	R	A	R	I	S	J	O
P	Í	T	E	A	C	S	B	O	K	A	X
E	S	M	E	R	A	L	D	A	A	S	Y
Y	A	P	E	R	L	A	N	T	O	S	Z

Aumenta tu vocabulario

Saber y *Conocer*

Recuerda que **saber** y **conocer** no son verbos intercambiables (*interchangeable*).

Saber

saber + frase =	*to know a fact*	**Sé** donde está la República Dominicana.
	to have information	**Sabemos** el nombre de una joyería fina.
saber + infinitivo =	*to know how to do something*	Ramón **sabe** hacer joyas de ámbar.
saber + lengua =	*to know as a result of studying*	Bárbara **sabe** español.

Conocer

conocer + persona =	*to know or to be acquainted with*	**Conozco** a Laura González.
concocer + lugar =		No **conocemos** a México.

ACTIVIDAD | 3

Escribe la forma correcta del verbo **saber** o **conocer**. ¡Presta atención!

1. Luisa _____ hablar español bastante bien.
2. ¡Quiere _____ a Madrid!
3. ¿ _____ tú cuánto cuesta el viaje de ida y vuelta a Madrid?
4. Sus padres _____ a una familia madrileña que vive cerca de la universidad.
5. Yo _____ que la hija mayor de esa familia _____ los Estados Unidos y _____ inglés.

Usa tu imaginación

Necesitas un regalo especial porque es la graduación universitaria de tu hermana mayor. Vas a una joyería y el empleado te pregunta lo siguiente:

1. ¿Qué tipo de joya quieres?
2. ¿En qué mes nació tu hermana?
3. ¿Qué clase de piedra quieres?
4. ¿De qué color?
5. ¿Cuánto puedes gastar (*spend*)?

Imagina que eres el (la) vendedor(a) en una joyería en Santo Domingo. Un(a) cliente te pregunta lo siguiente. Contéstale dándole la información correcta.

1. ¿Es el ámbar una gema original de la República Dominicana?
2. ¿Qué joyas de ámbar me ofrece? ¿Son de oro?
3. ¿Por qué es este ámbar casi rojo?
4. ¿Le parece a Ud. que este ámbar está sucio?
5. ¿Por qué piensa Ud. que debo comprar un ámbar?

Preparación para la lectura

Las palabras siguientes están en el texto que vas a leer. Nota el significado de estas palabras.

una salsa

> Una **salsa** es una mezcla (*mixture*) de ingredientes y condimentos que se añade a una comida.

> Mi mamá sabe preparar una **salsa** excelente para los espaguetis.

cortar

> **Cortar** puede significar dividir algo con un cuchillo (*knife*).

> Anita **corta** los aguacates (*avocados*) para preparar la salsa.

quitar

> **Quitar** es separar una cosa de otras.

> Por favor, **quita** las semillas (*seeds*) de los tomates.

cocinar

> **Cocinar** es preparar los alimentos por medio del fuego.

> Pablo **cocina** la cena para la fiesta.

pelar

> **Pelar** es quitar la cáscara (*peel*) de una fruta o legumbre.

> Ella **pela** los aguacates para la receta (*recipe*).

añadir

> **Añadir** significa aumentar o poner más.

> Isabel **añade** sal y pimienta a la salsa.

7 | Una salsa deliciosa

Estructura: los mandatos

¿Te gusta la cocina°? Tal vez° no. ¿Te gusta comer? ¡Claro que sí! ¿Sabes qué es un aguacate°? Un aguacate es una fruta muy popular en México y en el mundo hispánico. El aguacate es delicioso. Aquí tienes una receta° simple para seis personas: la receta de guacamole, una salsa muy sabrosa° y muy popular que se hace con aguacates.

    Ahora prepara el guacamole y sírvelo con pedacitos° de tortillas fritas°.

cooking;
  Perhaps
avocado

recipe

delicious

small pieces

fried

Los ingredientes

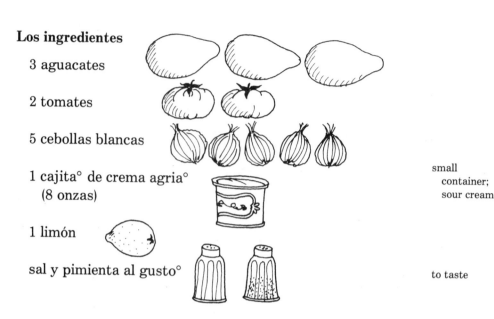

3 aguacates

2 tomates

5 cebollas blancas

1 cajita° de crema agria°   small
  (8 onzas)   container;
                       sour cream

1 limón

sal y pimienta al gusto°   to taste

Los utensilios

una batidora   un pelador

un bol   un plato

un cuchillo   un tenedor

La receta

1. Corta los aguacates en mitades°.   halves
2. Quita° las pepas° y pela° los aguacates.   Take out; pits;
                                        peel
3. Pon los aguacates en un bol.
4. Lava y corta los tomates en pedacitos. Pónlos en el bol.
5. Añade la crema agria.
6. Corta las cebollas en pedacitos y pónlos en el bol.
7. Bate el contenido del bol con la batidora por dos minutos hasta formar una crema.
8. Añade el jugo del limón.
9. Añade sal y pimienta a tu gusto.
10. Mezcla° todo con un tenedor.   Mix
11. Pon la salsa en el refrigerador por media hora.
12. Sácala y sírvela con pedazos de tortilla frita o nachos.

¡Buen provecho!°   Enjoy your
                    meal!

Aumenta tu vocabulario

En la cocina

Unos productos esenciales

el aceite *oil*
el vinagre *vinegar*
el café *coffee*
el azúcar *sugar*
la leche *milk*
la harina *flour*

el huevo *egg*
la mantequilla *butter*
la margarina *margarine*
la sal *salt*
la pimienta *pepper*

Unos utensilios de cocina

un bol *bowl*
una tetera *kettle*
una cacerola *pan*

una olla *pot*
una sartén *skillet, frying pan*
una taza de medir *measuring cup*

Unos aparatos de cocina

un abrelatas *can opener*
un horno *oven*
un horno de micro-onda *microwave oven*
una lavadora de platos *dishwasher*
   un lavaplatos (España)
un refrigerador *refrigerator*
   una nevera (España)
una cocina *stove, range*
   una cocina eléctrica
   una cocina de gas
un fregadero *kitchen sink*

ACTIVIDAD | 1

Escoge la palabra que **no** conviene. Escribe la letra a, b o c en la columna de la izquierda.

__ 1. Para lavar los platos uso...
   a. el fregadero.   b. la lavadora de platos.   c. la batidora.

__ 2. Para cocinar rápidamente uso...
   a. la micro-onda.   b. la cocina de gas.   c. la pimienta.

__ 3. Para hervir (*boil*) agua necesito...
   a. una sartén.   b. una tetera.   c. una olla.

__ 4. Para una receta puedo usar...
   a. mantequilla.   b. sabrosa.   c. margarina.

__ 5. Para poner (*to set*) la mesa necesito...
   a. el horno.   b. cuchillos.   c. tenedores.

ACTIVIDAD | 2

Completa cada frase con una de las palabras de la lista. ¡Lee con cuidado!

olla	pelador
refrigerador	bol
lavar	taza
plato	guacamole
tomate	abridor de latas
horno	aceite
aguacate	

1. Abre esa lata de atún (*tuna*). Usa el _____ eléctrico.
2. Juanita, por favor añade una _____ de harina a la receta.
3. Corte ese _____ en mitades, por favor.
4. ¡Préndelo (*turn it on*)! El _____ debe estar a 350°.
5. Lava el _____ antes de cortarlo en pedacitos.
6. Sirve la salsa en un _____.
7. ¡Por favor, busca el _____! Tengo que pelar 10 papas.
8. Si te gustan los aguacates, escoge una receta fácil para preparar _____. Ten cuidado (*Be careful*), algunas recetas son picantes (*spicy*).

ACTIVIDAD | 3

En una hoja de papel (*sheet of paper*), diseña tu cocina ideal con el equipo que contiene. ¡Hazlo a tu gusto!

Usa tu imaginación

Javier quiere ser cocinero en el campamento de verano. ¿Por qué? Porque le encanta comer. El director del campamento lo entrevista y le hace muchas preguntas. Haz el papel de Javier y contesta las preguntas muy bien porque quieres obtener el trabajo.

1. ¿Dónde compras los ingredientes para tus recetas? ¿Haces una lista antes de ir? ¿Por qué?
2. ¿Qué utensilios usas para cortar las legumbres? ¿para cocinar?
3. En tu opinión, ¿cuál es el aparato de cocina más indispensable? ¿Por qué?
4. ¿Qué condimentos usas en tus recetas?
5. ¿Piensas que lo que cocinas es sabroso? Explica el porqué.
6. ¿Qué haces cuando limpias la cocina?

Refrán: *Sin comer no hay placer.**

**Without eating, there is no pleasure.*

Preparación para la lectura

Las palabras siguientes están en el texto que vas a leer. Nota el significado de estas palabras.

andar

> **Andar** significa ir de un lugar a otro.
> Durante dos años **anda** por todo México.

partir

> **Partir** significa ponerse en camino, o salir.
> Los viajeros **parten** con destino a España.

irse

> **Irse** es transportarse de un lugar a otro.
> Los estudiantes **se van** a Europa por el verano.

extrañar

> **Extrañar** significa echar de menos (*to miss*) una cosa o una persona.
> El niño **extraña** a sus padres.

disfrazarse

> **Disfrazarse** significa cambiar apariencia con ropa, máscara (*mask*), etc.
> Los jóvenes **se disfrazan** para el baile de carnaval.

un rey

> Un **rey** es el jefe o monarca de un estado.
> Juan Carlos es el **rey** de España.

Un espíritu aventurero

Estructura: los infinitivos

Soldados españoles del siglo XVI

Estamos a principios del siglo XVI. Un galeón° parte de España con destino a América. Entre los viajeros hay un joven. El joven mira la costa ibérica que desaparece poco a poco en el horizonte. ¿Quién es este joven y por qué está en este galeón? ¿Va a buscar fortuna? ¿gloria? ¿trabajo? ¡No! El joven parte de España para buscar aventuras. Su sueño es ser soldado° de conquista° y luchar° por su patria y por su rey. °Spanish ship

°soldier °conquest; °fight

Después de muchos meses llega a Yucatán. Anda por todo México. Su espíritu aventurero lo lleva por todas partes de esta colonia española. Sufre peligros y soledades°. Es muy rápido con la espada° y los años de vida vagabunda le convierten° en un gran espadachín°. Es inteligente e intrépido°. Más tarde se va hacia el sur, hacia las otras colonias españolas. °loneliness °sword; °made °swordsman; °brave

En Chile se alista° en el ejército° de la corona° donde demuestra su habilidad, su valor° y su lealtad°. ¡Qué cualidades de soldado! No tiene miedo. En la lucha es el líder. Quiere ser el mejor soldado de la colonización. Por su valor e intrepidez° recibe honores. Recibe el título de alférez°.

Así sigue su vida en campamentos° militares siempre en alerta de ataques inesperados°. Es feliz siendo° soldado. Primero una batalla°, luego otra batalla... siempre triunfa.

Pero un día llega el infortunio°. Cerca de Lima hay una batalla fatal. El joven alférez está herido seriamente. Sus amigos soldados no pueden dejarle morir. ¿Dónde llevarle? Es joven y valiente. ¡Es necesario salvarle la vida! El lugar más cercano es un convento cerca de la residencia del Arzobispo° de Lima. ¡Qué suerte para el pobre herido!

Al curarle las heridas°, las monjas° del convento se dan cuenta de que no es un joven soldado. ¡Es una joven soldado! ¡Es una chica! Pero, ¿cómo es posible? Tan valiente, tan intrépido... tan buen espadachín... tan respetado por las tropas°... Ya casi moribunda° confiesa al Arzobispo de Lima la verdad.

¿Quién es ella? Es la hija de un noble español. Su padre la mete en un convento de monjas desde muy niña. Antes de hacer los votos perpetuos° se escapa del convento y se disfraza de hombre porque no quiere ser monja, quiere ser soldado.

No es el final para la joven. Sobrevive las heridas y tiene que volver al convento. La consideran una monja fugitiva. Mientras tanto° todo el mundo sabe la historia de la monja soldado. Pasa dos años en el convento hasta que finalmente llegan las noticias de España. Porque nunca hizo los votos perpetuos la dejan en libertad. Ya libre, parte en un galeón. Esta vez va con destino a España.

Para la joven ya no hay anonimidad. ¡Es célebre°! El rey Felipe IV le concede° una pensión por sus servicios militares en las Américas. Viaja por toda España como una héroe invitada por todos. Sin embargo, la joven no se siente bien en España. Extraña las Américas, extraña la acción. Le pide permiso al rey para volver a la vida militar. No hay ejército femenino. Quiere ser soldado aunque° tenga que vestirse como hombre.

Otra vez y por última vez, la joven parte de España. Viene a las Américas. De allí en adelante su vida desaparece del ojo

enlists; army; kingdom
bravery; loyalty

courage; officer
camps
unexpected; being
battle

misfortune

Archbishop

wounds; nuns

troops; near death

final vows

Meanwhile

famous

awards

even if

Catalina de Erauso, la mujer soldado

público. No se sabe su fin. Algunos dicen que murió en una batalla como soldado. Otros dicen que se casó con un hombre rico y tuvo una familia de prestigio. Nadie sabe con certeza° la historia final de la joven soldado. Catalina de Erauso, así se llamaba, es símbolo del espíritu independiente y aventurero. Vivió en el siglo XVI pero tenía la mentalidad del siglo XX. ¡Catalina fue una mujer extraordinaria!

certainty

¿Comprendiste tú?

Presta atención a las frases siguientes. Escoge la respuesta *a, b* o *c* que corresponde al texto que acabas de leer.

1. El viajero va con destino a América para...
   a. buscar fortuna.
   b. encontrar un trabajo.
   c. luchar por su patria y por su rey.

2. Es un gran espadachín porque...
   a. viaja por todas partes de la colonia española.
   b. sufre peligros y soledades.
   c. es muy rápido con la espada.

3. Cuando está herido, sus amigos soldados lo llevan...
   a. a un convento de monjas.
   b. a la residencia del Arzobispo.
   c. a un hospital de Lima.

4. Finalmente la joven sale en libertad porque . . .
   a. quiere ser soldado.
   b. nunca hizo los votos perpetuos.
   c. pasó dos años en el convento.

5. La joven no quiere quedarse en España porque . . .
   a. extraña la acción y la vida militar.
   b. recibe una pensión del rey.
   c. es una héroe célebre.

6. La vida de la joven desaparece del ojo público a causa de que . . .
   a. muere en una batalla.
   b. se casa con un hombre rico.
   c. nadie sabe más de ella.

Aumenta tu vocabulario

Cuando Catalina de Erauso viaja en el siglo XVI, viaja en barco, a caballo y a pie. En el siglo XX hay otros medios (*ways*) de transporte.

A. **La agencia de viajes**
   Se puede viajar . . .

en barco

en autobús

en avión

en coche

en tren

Avis ♥ México
. . . y promueve el turismo.

los billetes *tickets*
de primera clase
de segunda clase
clase turista
de ida y vuelta *round trip tickets*

el itinerario   *itinerary*
el horario   *timetable*
la reservación   *reservation*

el equipaje   *luggage*
la maleta   *suitcase*
la visa de entrada   *visa*
el pasaporte   *passport*
el agente de viajes   *travel agent*
el agente de aduana   *customs agent*

alquilar un automóvil   *to rent a car*
escoger un hotel   *to select a hotel*
recoger el equipaje   *to pick up the luggage*
pasar por la aduana   *to go through customs*

B. **El transporte aéreo**
  El avión

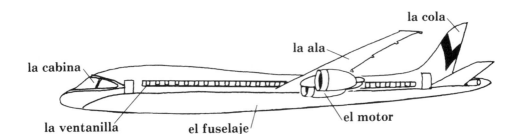

La tripulación *crew*
  El piloto pilotea el avión.
  La aeromoza ayuda a los pasajeros.

Verbos		**Sustantivos**	
despegar	*to take off*	el despegue	*takeoff*
aterrizar	*to land*	el aterrizaje	*landing*
volar	*to fly*	el vuelo	*flight*
embarcar	*to board, embark*	el embarque	*boarding*
desembarcar	*to deplane*	el desembarque	*deplaning*

Un espíritu aventurero | **59**

ACTIVIDAD | 1

Lee cada línea y di qué palabra **no** corresponde al grupo.

1. avión, piloto, barco, tren
2. itinerario, horario, reservación, coche
3. tripulación, cola, aeromoza, piloto
4. ventanilla, ala, cola, maleta
5. alquilar, despegar, aterrizar, volar
6. billete, pasaporte, equipaje, agente

ACTIVIDAD | 2

La computadora da la información incorrecta de tu itinerario. ¡Qué lástima! Todo este desastre es a causa de un apagón de luces (*blackout*) de 2 minutos. Por favor desenreda (*unscramble*) las palabras y escríbelas correctamente. Presta atención.

Destino: GOTABO
Comida: ERZOMULA
Clase: RSITTUA
Billete: VDAIYTAUEL
Equipaje: RESTLEMTASA

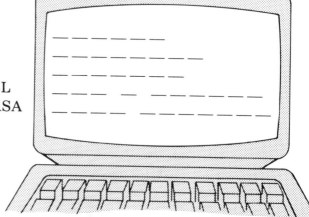

ACTIVIDAD | 3

Tú piensas hacer un viaje a España o a Latinoamérica y visitas una agencia de viajes. Habla con el agente y dile tus planes. Usa estas preguntas como guía (*guide*).

1. ¿Adónde quieres ir? ¿A qué ciudad? ¿Por cuánto tiempo?
2. ¿Cómo? (en avión, en barco, en tren...)
3. ¿Qué tipo de billete necesitas? ¿billete de ida o de ida y vuelta?
4. ¿Quieres ir en primera clase o en clase turista?
5. ¿Debes alquilar un automóvil? ¿comprar billetes de autobús?
6. ¿Necesitas escoger un hotel? ¿una pensión? ¿un parador?
7. ¿Necesitas tener pasaporte? ¿una visa de entrada?
8. ¿Cuál es tu itinerario final?

Usa tu imaginación

Cuenta o escribe en tu diario algo sobre tu primer viaje en avión (real o imaginario), contestando las preguntas siguientes.

1. ¿Adónde vas?
2. ¿Vas sólo o con tu familia?
3. ¿En qué clase de avión te vas?
4. ¿Hay mucha gente en el avión?
5. ¿Cuántas aeromozas hay? ¿Cuántos aeromozos?
6. ¿Tienes miedo al despegar?
7. ¿Qué haces durante el vuelo?
8. ¿Qué hace la tripulación?
9. ¿Cómo es el aterrizaje, fácil o difícil?
10. ¿Quién te espera en el aeropuerto?

Preparación para la lectura

Los verbos siguientes están en el texto que vas a leer. Nota el significado de estos verbos.

atraer

> **Atraer** significa llamar la atención de algo o alguien.
> Los anuncios (*ads*) **atraen** al público.

crear

> **Crear** es hacer algo nuevo.
> Las industrias **crean** empleos.

construir

> **Construir** es sinónimo de fabricar o edificar.
> El ingeniero civil **construye** el puente (*bridge*).

retirarse

> **Retirarse** significa separarse.
> La dama **se retira** de la vida política.

rechazar

> **Rechazar** es lo contrario de aceptar.
> El alcalde **rechaza** el proyecto.

cumplir

> **Cumplir** es hacer realidad de algo.
> La candidata **cumple** sus promesas.

Una dama alcaldesa

Estructura: el pretérito

Es el año de 1964. Las elecciones para alcalde° de la ciudad de   mayor
San Juan, Puerto Rico van a tener lugar. El pueblo va a votar.
Hay cinco candidatos y una candidata. Para todos los
candidatos el día de la elección es un día muy largo. Todos
esperan impacientes los resultados. Finalmente llegan los
resultados. La ciudad no tiene alcalde. ¡Tiene alcaldesa! ¡Una
mujer alcalde! Pero... para ella no es la primera vez que ocupa
esta posición importante. ¡Es la quinta° vez! ¿Quién es la   fifth
candidata que gana con tanta° victoria?   such
  La alcaldesa es Doña Felisa Rincón, una dama extraordinaria. Es una organizadora genial. Muy trabajadora, muy hu-
manitaria y muy responsable. Siempre ayuda a su pueblo.

Siempre está ayudando a su gente. Su deseo es atraer el comercio° y la industria a Puerto Rico y especialmente a San Juan para crear trabajos.   business

Durante los diez y seis años de sus cuatro primeras administraciones, ella construyó calles y caminos°. Construyó viviendas°. Instaló° electricidad. Creó parques. Y . . . luchó por la educación de los niños. También fundó la Liga de las Mujeres Votantes° de Puerto Rico, e hizo viajes de buena voluntad por todo los Estados Unidos y los países latinoamericanos. Por su trabajo extraordinario recibió muchísimas condecoraciones. Recibió la Medalla° del Papa Pío XII del Vaticano. También recibió la Medalla «Simón Bolívar» de Venezuela, y la Medalla de Honor de Oro, de España. Así, con honores, esta dama se retira de la vida pública en 1968. ¡A la edad de 70 años!   roads / housing; She installed / League of Women Voters / medal

¿Cómo forjó° Doña Felisa Rincón una vida política tan fascinante? Desde niña se interesó en ayudar a la gente. Desde muy joven se dio cuenta° de los problemas de salud y de los problemas de desempleo° que existían en la isla. Aunque° su familia era° rica, ella se interesó en los problemas de la gente trabajadora y de las familias pobres.   did shape / was aware / unemployment; Although was

Doña Fela, así la llamaron con cariño° sus partidarios°, vivió en una época de eventos internacionales: el sufragio° femenino en Puerto Rico en 1932 y la anexión de Puerto Rico a los Estados Unidos como Estado Libre y Asociado en 1952. Para ella no fue fácil decidir entre ser una mujer pionera en la posición de alcaldesa en la isla, ser simplemente una ama de casa°, o ser ambas°. En 1936, le ofrecieron la candidatura al senado y la rechazó°. ¿Por qué? Porque su padre no aprobó°. En 1944, le ofrecieron la candidatura a la alcaldía y la rechazó. ¿Por qué? Porque su esposo no aprobó. Finalmente en 1948 decidió aceptar la candidatura para la alcaldía, y ganó las elecciones. ¿Por qué aceptó? Porque en esta posición de importancia podía ayudar mejor a su pueblo.   affectionately; followers / voting rights / housewife; both / rejected; did not approve

Durante veinte años en su posición de alcalde, trabajó muchísimo. Ella sabía que su evaluación como alcaldesa no solamente se basaba en el desempeño° de su posición política, sino en el desempeño de un trabajo como mujer hispana. Ella cumplió sus objetivos y probó su capacidad con inteligencia y energía. Doña Felisa Rincón o Doña Fela es una digna° representante de la mujer hispana y de la mujer puertorriqueña. ¡Una señora pionera!   accomplishment / worthy

¿Comprendiste tú?

Lee con cuidado las frases siguientes. Para cada frase escoge la respuesta *a*, *b* o *c* que corresponde al texto que leíste.

1. Las elecciones para alcalde tuvieron lugar en . . .
   a. San Antonio.
   b. Nueva York.
   c. San Juan.

2. Para la posición de alcalde había . . .
   a. cinco candidatos.
   b. cinco candidatos y una candidata.
   c. un candidato.

3. La alcaldesa ocupó esa posición porque fue . . .
   a. una dama.
   b. trabajadora y responsable.
   c. muy buena en el comercio.

4. Durante sus administraciones ella trabajó por . . .
   a. muchísimas condecoraciones.
   b. la educación de los niños.
   c. los viajes de buena voluntad.

5. La alcaldesa se retiró de la vida política a causa de . . .
   a. los problemas de la gente.
   b. las elecciones.
   c. sus años.

6. El trabajo de Doña Fela ayudó a solucionar . . .
   a. los eventos internacionales.
   b. los problemas de salud y desempleo.
   c. los problemas de su familia rica.

El metro, Madrid, España

Aumenta tu vocabulario

Direcciones

Preposiciones de lugar

a la derecha	*to the right*
a la izquierda	*to the left*
todo derecho	*straight ahead*
cerca de	*near, close to*
lejos de	*far from*
debajo de	*below, under*
encima de	*on top of*
delante de	*in front of*
detrás de	*behind, in back of*
al lado de	*beside*
junto a	*next to*

Descripciones de lugar

en la esquina	*on the corner*
en la intersección	*in the intersection*
una calle de una vía	*one way street*
una calle de dos vías	*two way street*
un semáforo	*traffic light*
una cuadra	*block*

Verbos de movimiento

cruzar = atravesar	*to cross*
doblar = virar	*to turn*
continuar = seguir	*to continue*

ACTIVIDAD | 1

Lee las columnas A y B con cuidado. Las palabras de ambas (*both*) columnas pueden asociarse. Emparéjalas. Escribe la letra apropiada en la columna de la izquierda.

A	B
___ 1. construir	a. aceptar
___ 2. calles	b. hacer
___ 3. trabajo	c. elegir
___ 4. viviendas	d. pueblo
___ 5. aprobar	e. fabricar
___ 6. retirarse	f. parques
___ 7. cumplir	g. casas
___ 8. votar	h. liga
___ 9. instalar	i. caminos
___ 10. gente	j. conectar
	k. separarse
	l. posición

ACTIVIDAD | 2

Tú eres un agente de información turística. Da las direcciones siguientes. Usa el vocabulario y mira el mapa.

Modelo: para ir de la Plaza Mayor al almacén

Sigue derecho. Cruza la calle. En la esquina dobla a la izquierda, camina una cuadra, y al final de la cuadra está el almacén.

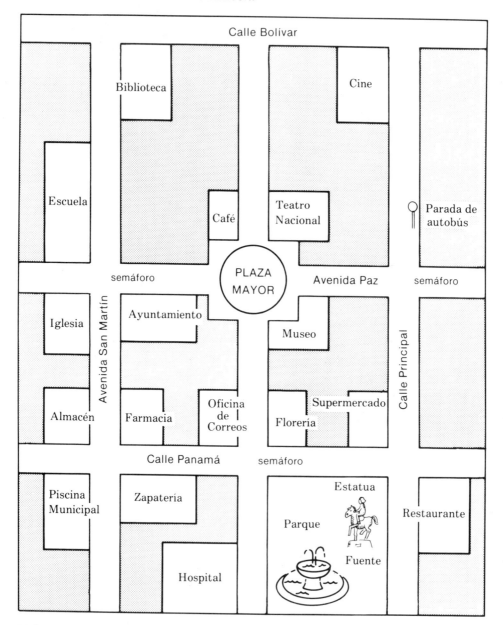

1. para ir del café a la biblioteca
2. para ir del restaurante al cine
3. para ir del supermercado a la parada de autobús
4. para ir del ayuntamiento (*town hall*) a la plaza mayor
5. para ir de la escuela a la piscina
6. para ir de la zapatería al teatro nacional
7. para ir del museo a la fuente del parque, y luego a la zapatería
8. para ir del teatro al almacén, y luego a la florería

Usa tu imaginación

Describe tu personaje histórico (o ficticio) favorito en un párrafo de 8 a 10 líneas. ¿Cuál fue su origen? ¿Qué obras hizo? ¿Qué honores mereció? ¿Cuándo se retiró? ¿Cuándo murió?

Preparación para la lectura

Vas a encontrar estas palabras en el texto que vas a leer. Nota el significado de estas palabras.

un tejido

> Un **tejido** es una tela (*cloth*) de lana o algodón que se fabrica en un telar (*loom*).
>
> Los aztecas hacían **tejidos** muy originales.

un tocado

> Un **tocado** es un adorno para la cabeza.
>
> La familia real azteca llevaba **tocados** muy bellos.

un tapiz

> Un **tapiz** es un tejido para cubrir las paredes (*walls*).
>
> Los aztecas decoraban los interiores de los templos con **tapices**.

un holandés

> Un **holandés** es una persona de Holanda (*Netherlands*).
>
> Un naturalista **holandés** encontró nidos de quetzales.

el ambiente

> El **ambiente** significa todo lo que está alrededor de una cosa, una persona o un animal.
>
> El quetzal solamente vive en las mismas condiciones de su **ambiente** natural.

un emblema

> Un **emblema** es un símbolo.
>
> El quetzal es el **emblema** de Guatemala.

El quetzal: ¿mitología o realidad?

Estructura: el participio pasado, el imperfecto

¡Es hermoso! De colores... verde iridiscente, rojo brillante, blanco y dorado. ¡Es pequeño! Es casi del tamaño° de una paloma°. Tiene una cola larga de casi un metro o más de tres pies. Es un pájaro muy elegante y quizás el más bello del mundo. El quetzal hembra° no tiene cola larga pero es muy bello también.

    ¡Dónde puedes admirar un quetzal? Hoy en día tú puedes ver quetzales disecados° y fotografías de quetzales en museos y exhibiciones internacionales. Puedes ver réplicas del quetzal

size

dove

female

stuffed

Figuras simbólicas de Quetzalcóatl en Teotihuacán, México

en tejidos, en sellos de correo, en joyas y en la moneda de
Guatemala. Puedes ver un quetzal vivo en el zoológico de San
Luis. En realidad no hay muchos quetzales vivos en el mundo.
¿Por qué? Porque su belleza única lo ha llevado a la extinción a
través de los tiempos. Sus plumas° han sido muy valiosas°.   feathers;
Durante el imperio azteca las plumas fueron usadas para   valuable
tocados de la familia real y la nobleza. Para los aztecas estas
plumas eran símbolo de la abundancia, el poder°, la paz y la   power
libertad. Los aztecas consideraban los quetzales más valiosos
que el oro.

Un poco de mitología

Quetzalcóatl era el dios mitológico supremo de los aztecas. Su
tocado consistía de cabezas de serpiente y plumas de quetzal.
Quetzalcóatl significa «la serpiente emplumada». El diseño de
su tocado es un tema dominante en la arquitectura de los
mayas y de los aztecas. La nobleza azteca usaba un tocado
similar al tocado de Quetzalcóatl y decoraban los interiores de
los templos con maravillosos tapices de plumas de quetzal.

Quetzalcóatl

Montezuma, el monarca azteca, le regaló a Hernán Cortés un tocado de plumas de quetzal que todavía existe y está en el Museo de Viena.

Los aztecas preservaban la existencia del quetzal. Los indios le quitaban las plumas a los quetzales machos° y luego los dejaban libres. Nunca ponían al quetzal en cautiverio°. ¡El quetzal era el símbolo de la libertad!

male

captivity

Un poco de realidad

Por su desaparición o verdadera escasez°, el quetzal permaneció como un pájaro raro, casi mitológico. En 1825 cuando el quetzal recibió un nombre científico, renació el interés en el quetzal. Los museos, los zoológicos, los coleccionistas y el público en general deseaban tener o saber más del quetzal.

scarcity

En 1937, un naturalista holandés encontró nidos° de quetzal en Honduras y en Guatemala. ¡Qué descubrimiento! De estos nidos, nueve quetzales fueron enviados a zoológicos de Inglaterra y los Estados Unidos. Según el mito° el quetzal no puede vivir en cautiverio.

nests

myth

De los nueve quetzales, el único que sobrevivió es el quetzal del zoológico de San Luis. ¡Cómo? Los ornitólogos le proveyeron° el mismo ambiente natural y la misma dieta de su lugar de origen.

provided

El quetzal vive casi° simbólicamente. En México el símbolo de Quetzalcóatl o la serpiente emplumada se ve por todas partes. Guatemala da el nombre de «quetzal» a su unidad monetaria y escoge al quetzal como emblema en su escudo°. La condecoración más alta en Guatemala es la Orden del Quetzal. En Guatemala hay una ciudad que se llama Quetzaltenango que significa ciudad de los quetzales. Guatemala adopta el quetzal y todo lo que representa este hermoso pájaro.

almost

coat of arms

El quetzal no es sólo un pájaro mitológico, es también realidad. ¡Una bella realidad muy rara!

Figura de una serpiente emplumada en Teotihuacán, México

¿Comprendiste tú?

Indica si las frases siguientes son ciertas o falsas. Si son falsas,
explica el porqué.

Cierto   **Falso**

☐ ☐   1. El quetzal es un pájaro que tiene muchos colores.

☐ ☐   2. La cola del quetzal es corta.

☐ ☐   3. Hay un quetzal vivo en el zoológico de San Luis.

☐ ☐   4. Las plumas del quetzal son valiosas.

☐ ☐   5. La familia real azteca y la nobleza usó mucho las plumas del quetzal.

☐ ☐   6. Las plumas del quetzal no simbolizan nada.

☐ ☐   7. Para los aztecas, los quetzales son más valiosos que el oro.

☐ ☐   8. Hernán Cortés recibió un tocado de plumas de quetzal de Montezuma.

☐ ☐   9. Los aztecas ponían a los quetzales en cautiverio.

☐ ☐   10. El interés en el quetzal empieza cuando recibe un nombre científico.

☐ ☐   11. Hay nidos de quetzales en Honduras y Guatemala.

☐ ☐   12. Un ornitólogo es una persona que estudia los pájaros y su ambiente natural.

☐ ☐   13. El quetzal es la moneda de Guatemala.

☐ ☐   14. El quetzal es un pájaro mitológico.

☐ ☐   15. El quetzal es muy raro.

El quetzal: ¿mitología o realidad? | **75**

Aumenta tu vocabulario

Los animales

Unos animales domésticos

un perro

un cuy

un gato

un pez dorado

una tortuga

un hámster

Los animales de la granja

un conejo	*rabbit*
un pavo	*turkey*
un toro	*bull*
un pato	*duck*
un caballo	*horse*
un ganso	*goose*
un burro	*donkey*
un cerdo	*pig*
una gallina	*hen*
un pollo	*chicken*
un gallo	*rooster*
una vaca	*cow*

Otros animales

un zorro	*fox*	un ratón	*mouse*
una ardilla	*squirrel*	un león	*lion*
un lobo	*wolf*		

Unos pájaros

un canario		un periquito	*parakeet*
un pavo real	*peacock*	un loro	*parrot*
una paloma	*dove*		

Unos insectos

un mosquito		una abeja	*bee*
una hormiga	*ant*	una araña	*spider*
una mariposa	*butterfly*	una avispa	*wasp*

Unas expresiones

En español hay muchas expresiones que usan los nombres de animales. Aquí están algunas de estas expresiones:

ser astuto (*sly*) como un zorro
ser terco (*stubborn*) como un burro
ser presumido (*snobbish*) como un pavo real
ser lento (*slow*) como una tortuga
estar feliz (*happy*) como un pez en el agua
ser fiero (*fierce*) como un león
ser manso (*docile*) como una paloma

Se dice . . .	*Significa*. . .
tener apetito de pájaro	comer muy poco
comer como cerdo	no tener etiqueta
trabajar como burro	trabajar muchísimo
comer como un lobo	tener un apetito enorme

ACTIVIDAD | 1

En los cuentos de niños y en los dibujos animados (*cartoons*) hay referencias a diferentes animales. Lee cada frase y complétalas con el nombre del animal apropiado.

1. Un animal que «habla» mucho es un _ _ _ _ _.
2. Un animal muy lento es la _ _ _ _ _ _ _.
3. Los tres cerditos tienen miedo del _ _ _ _ _.
4. Un cuento muy popular es «El _ _ _ _ _ con botas».
5. Walt Disney creó al _ _ _ _ _ _ Miguelito.
6. Walt Disney también creó al _ _ _ _ _ Donald.
7. En español, Bugs Bunny se llama «el _ _ _ _ _ _ _ de la suerte».
8. En los dibujos animados Pluto es un _ _ _ _ _ _ famoso.

ACTIVIDAD | 2

Describe los animales que puedes ver en las circunstancias siguientes.

1. Estás en una hacienda.
2. Das un paseo por el bosque.
3. Haces una merienda en el campo.
4. Estás en la casa de tu amigo.
5. Visitas el zoológico de tu ciudad.

Patronato Valenciano de Ciencias Naturales
Entrada Zoo
Adulto
TORRES - TEL. 253 01 18 - CARLET   Nº 180581

ACTIVIDAD | 3

Lee las descripciones de las personas siguientes. Luego haz un comentario sobre cada persona usando una expresión con el nombre de un animal.

1. José Fernando tiene buena ropa, tiene una casa enorme. Viaja mucho y gasta mucho. Pero...no tiene amigos. ¿Por qué? Porque él siempre piensa que él es superior a todos.

    José Fernando es _____.

2. Julián acaba de ganarse un premio en una rifa (*raffle*). ¡Y qué premio! Es un refrigerador de dos puertas que hace hielo automáticamente y da agua.

    Julián está _____.

3. Miguel trabaja cinco días a la semana en la oficina de turismo. Los fines de semana, él trabaja en el Museo de Bellas Artes. Pobre, no descansa.

    Miguel trabaja _____.

4. Estamos en un restaurante. Alberto pide un sándwich. Después pide un biftec con papas fritas. Luego come espaguetis y para terminar come otro sándwich.

    Alberto come _____.

Usa tu imaginación

Trabajas en una tienda de animales domésticos. Escoge tu animal doméstico favorito y describe lo siguiente:

1. ¿Cuáles son las ventajas de tener este animal? ¿las desventajas?
2. ¿Cuál es el mejor ambiente para el animal? ¿la mejor dieta?
3. ¿Necesita este animal visitar al veterinario? ¿Por qué o por qué no?
4. ¿Necesita una jaula (*cage*)? ¿una pescera (*fish bowl*)? ¿Cuántas veces por semana debes limpiar donde vive?

SEGUNDO NIVEL

Preparación
para la lectura

Las palabras siguientes están en el texto que vas a leer. Nota el significado de estas palabras.

reaccionar

> **Reaccionar** es responder a algo.
> ¿Cómo **reaccionas** cuando alguien te insulta?

prestar

> **Prestar** significa dar algo por cierto tiempo limitado.
> Yo te **presto** mi cassette, si tú me **prestas** ese disco.

preguntar

> **Preguntar** significa hacer preguntas.
> La profesora nos **pregunta** si queremos leer el libro.

confiar

> **Confiar** quiere decir tener confianza en algo o en alguien.
> **Confío** el secreto a mi amigo.

un chiste

> Un **chiste** es algo cómico.
> Juan siempre les cuenta (*tells*) **chistes** a sus amigos.

una molestia

> Una **molestia** quiere decir algo que causa o da problemas.
> No me gustan las **molestias**.

11 ¿Cómo reaccionas tú?

Estructura: los pronombres de objeto directo

En la vida hay muchos momentos de felicidad, pero también hay muchos momentos de molestias. Algunas personas reaccionan con calma. Otras personas reaccionan con enojo. ¿Y tú? ¿Cómo reaccionas tú?

Imagínate que tú te encuentras en las siguientes circunstancias. Para cada situación, marca tu reacción.

Situación:	Me enoja mucho A	Me enoja un poco B	No me enoja C
1. Tú estás durmiendo. Suena el teléfono. Son las seis de la mañana. ¡Es un número equivocado (*wrong*)!	☐	☐	☐
2. A ti te gustan las fiestas. Tus vecinos dan una fiesta, pero se olvidan de invitarte.	☐	☐	☐
3. Tú tienes una cita con un amigo para ir al cine. Hay mucho tráfico y tú llegas atrasado (*late*) con quince minutos. Tu amigo no te espera. Se va al cine sin ti.	☐	☐	☐

	Me enoja mucho A	Me enoja un poco B	No me enoja C
Situación:			
4. Tú organizas una fiesta en tu casa. Tú invitas a veinte amigos, pero solamente vienen dos amigos.	☐	☐	☐
5. Tú cuentas chistes, pero tus amigos no te prestan (*pay*) atención.	☐	☐	☐
6. Tú invitas a tus amigos a cenar. Tú preparas una comida excelente. Una hora antes de la cena, tus amigos te llaman por teléfono para decirte que no pueden venir.	☐	☐	☐
7. Tú vas a mirar una película formidable en la televisión. Al prender (*turning on*) el televisor tú te das cuenta de que el televisor no funciona.	☐	☐	☐
8. Tú eres generoso con tu amigo. Tú le prestas (*lend*) tus libros, tus discos, tus revistas. Un día tú le pides un favor a tu amigo, pero tu amigo no te ayuda.	☐	☐	☐
9. Durante un examen, un compañero te hace una pregunta sobre el examen. Tú no le ayudas. Tu amigo te insulta.	☐	☐	☐
10. Tú estás en la parada (*stop*) de autobús. Llueve mucho. De repente pasa un coche y te baña completamente.	☐	☐	☐
11. Tú le das a tu amigo un regalo de cumpleaños. Pero cuando llega el día de tu cumpleaños, tu amigo no te da regalo.	☐	☐	☐
12. Tú le confías un secreto a tu amigo. Pero descubres que tu amigo no te guarda (*keep*) el secreto.	☐	☐	☐

Interpretación:
Cada respuesta A vale dos puntos, cada respuesta B vale un punto y cada respuesta C vale cero. Ahora suma (*add*) tus puntos.

Puntaje

- de 0 a 3 puntos   Tú eres una persona muy calmada...
  muy indiferente. ¡Anímate!

- de 4 a 6 puntos   Tú eres una persona calmada y
  prudente. Tus amigos te admiran
  mucho porque tú sabes controlar tus
  reacciones. A ti te interesa la armonía.

- de 7 a 11 puntos   Tú eres paciente pero tu paciencia tiene
  límites. La mayoría de las personas
  reaccionan como tú. A ti te disgustan
  (*bother*) las molestias.

- más de 12 puntos   Tú tienes muy poca paciencia. Te
  enojas (*get annoyed*) con frecuencia.
  Tienes que calmarte un poco.

Aumenta tu vocabulario

A. **Para medir (*measure*) el tiempo**

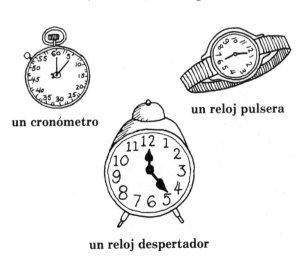

un cronómetro

un reloj pulsera

un reloj despertador

un reloj de pared

B. La puntualidad

a tiempo

A tiempo quiere decir a la hora exacta.
Las personas puntuales llegan **a tiempo**.

llegar atrasado

Llegar atrasado quiere decir llegar tarde.
El tren **llega atrasado** con veinte minutos.

llegar adelantado

Adelantado es lo contrario de atrasado. **Llegar adelantado** quiere decir llegar temprano.
Luis **llega adelantado** con veinte minutos.

atrasarse

Atrasarse significa perder tiempo.
Mi reloj **se atrasa** diez minutos.

adelantarse

Adelantarse significa ganar tiempo.
Mi reloj no se atrasa ni **se adelanta**.

Cartier
El reloj
desde 1904

ACTIVIDAD | 1

Contesta las siguientes preguntas:

1. ¿Tienes un reloj pulsera? ¿Es un reloj de cuerda (*wind up*) o es un reloj de batería (*quartz*)?

2. ¿Cuál es la marca de tu reloj? ¿Es una marca americana? ¿japonesa? ¿suiza?

3. ¿Se atrasa tu reloj? ¿Se adelanta, o indica tu reloj la hora exacta?

4. ¿Hay relojes de pared en tu casa? ¿en la sala? ¿en la cocina? ¿en tu cuarto? ¿en la sala de clase?

5. ¿Tienes un reloj despertador? ¿Tienes un radio reloj? ¿A qué hora te despiertas durante la semana? ¿los fines de semana?

ACTIVIDAD | 2

Analiza las situaciones siguientes y di si las personas llegan atrasadas o adelantadas. Di con cuánto tiempo llegan atrasadas o adelantadas.

1. Tomás va al partido de fútbol. Él llega al estadio a la una. El partido comienza a las dos.

2. Carlos y Patricia tienen una cita en el restaurante «El oro verde» a las cinco. Carlos llega a las cinco y media y Patricia a las seis.

3. La clase de español comienza a las diez. Llegamos a las diez y cuarto.

4. El avión sale para Madrid a las cuatro menos cuarto. Mis padres llegan al aeropuerto a las tres.

ACTIVIDAD | 3

¿Eres puntual? Para saber si eres puntual, completa las frases de la
columna A con las frases de la columna B.

A	B
1. Cuando voy al cine . . .	llego a tiempo.
2. Cuando tengo una cita con mi amigo(a) . . .	llego adelantado con
3. Cuando voy a clases . . .	quince minutos.
4. Cuando tengo una fiesta . . .	llego atrasado.
5. Cuando tomo el tren . . .	llego atrasado con
6. Cuando el profesor quiere verme . . .	diez minutos.
7. Cuando tengo una entrevista de empleo . . .	
8. Cuando voy al dentista . . .	

ACTIVIDAD | 4

Imagina que eres Luis Rendón, un agente de información que trabaja
en la ventanilla de la estación de trenes. Cada vez que Luis da una
información el pasajero reacciona positivamente o negativamente.
Empareja las dos columnas.

Luis Rendón	El pasajero
1. El tren va a salir con dos horas de retraso (*delay*).	a. Vale la pena. Me quedan cuatrocientas pesetas extras.
2. El tren de Ávila llega con media hora de adelanto.	b. Tengo que caminar más.
3. Lo siento mucho pero parece que su equipaje se ha perdido.	c. Voy a llegar a tiempo. Cenaremos todos juntos esta noche.
4. Hay un descuento de diez por ciento si compra un pasaje de ida y vuelta.	d. De aquí en adelante debo viajar en avión.
5. Hay un cambio. El tren para Salamanca va a salir del andén (*platform*) número cuatro.	e. Nunca más voy a confiarles mis maletas.

Usa tu imaginación

Lee los siguientes proverbios y luego da tu opinión.

El tiempo es oro.

El tiempo es dinero.

Todo llega a su tiempo.

Más vale tarde que nunca.

1. ¿Piensas que estos proverbios se aplican a la vida de hoy?
2. ¿Sabes proverbios norteamericanos que tienen el mismo significado que estos proverbios españoles? ¿Cuáles son los proverbios?

Preparación para la lectura

Las palabras siguientes están en el texto que vas a leer. Nota el significado de estas palabras.

un galeón

> Un **galeón** es un barco español del siglo XVIII.
>
> Los **galeones** sirven para transportar los productos de América a España.

el mercurio

> El **mercurio** es un metal líquido y de color plateado (*silver colored*).
>
> El **mercurio** sirve para extraer el oro y la plata.

un huracán

> Un **huracán** es un viento violento y destructor.
>
> Los **huracanes** en el Caribe causan muchos naufragios (*shipwrecks*).

un arrecife

> Un **arrecife** es un banco de rocas que se puede ver en el mar.
>
> En el Caribe hay muchos **arrecifes** de coral.

una tonelada

> Una **tonelada** es una medida que equivale a 1.000 kilogramos.
>
> Una **tonelada** pesa más de 2.000 libras.

12 El tesoro líquido de Samaná

Estructura: el participio pasado

Un galeón español

Estamos en 1724. La corona española pasa una época muy difícil. La crisis financiera de España y sus colonias es severa. ¡Parece increíble! España es la nación más rica del mundo. Tiene innumerables y extensas minas de oro y de plata. La riqueza° de la corona en América es fabulosa. Sin embargo...   wealth ¡hay crisis financiera!

La causa de la crisis financiera es un acontecimiento° funesto°—un acontecimiento que sucede° en agosto de 1724. Ahora, tú vas a leer la historia verídica° de una gran pérdida° humana y material. Una pérdida que afectó las finanzas españolas y las finanzas internacionales del siglo XVIII. Así empieza la historia...

°event
°fatal; happens
°true; loss

En julio de 1724 «Nuestra Señora de Guadalupe» y el «Conde de Tolosa», dos galeones españoles, parten del puerto de Cádiz, en el sur de España. ¿Su destino? Veracruz, México.

Ambos galeones llevan más de mil doscientos pasajeros que vienen a las colonias. Pero también llevan otra carga. Una carga importantísima para la economía española. ¿Qué llevan? ¿Llevan oro? ¿Llevan plata? ¡No! Llevan algo que va a servir para obtener oro y plata. Llevan un metal plateado y brillante, el único metal líquido a temperatura ordinaria. ¡Los galeones llevan casi cuatrocientas toneladas de mercurio!

El mercurio es necesario para la fabricación de espejos°. Pero, ¿necesita la corona espejos hechos en el Nuevo Mundo? ¡No! El uso principal del mercurio es la extracción y el refinamiento del oro y de la plata. El mercurio es indispensable para la combinación de estos metales. España necesita el mercurio para continuar y aumentar° el rendimiento° de sus minas de oro y de plata en México y en el Perú.

°mirrors

°increase;
output

Es el 24 de agosto de 1724. A tres millas de la costa noroeste de la Hispaniola, hoy la República Dominicana, los galeones navegan con su carga en la Bahía° de Samaná. De repente, el sol se esconde entre las nubes, los vientos

°Bay

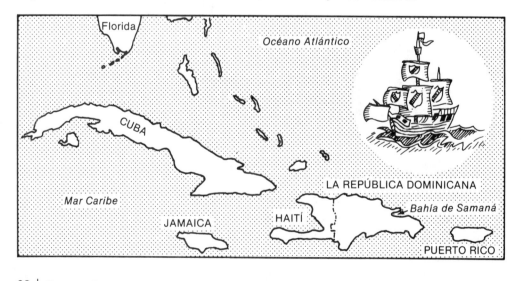

soplan°...el mar se enfurece. Es un huracán de magnitud **blow**
destructora y la destrucción es inevitable. Al fin...los dos
galeones naufragan° contra los arrecifes de coral. Naufragan **are wrecked**
con vidas, posesiones personales y con cuatrocientas toneladas
de mercurio, el valioso metal líquido. ¡Qué día funesto! ¡Qué
tragedia humana! Menos de quinientas personas sobreviven
este huracán.

En vano el gobierno español trata de rescatar° la valiosa **rescue**
carga de mercurio. Sin el mercurio, la producción de las minas
de oro y de plata es reducida a una fracción de su rendimiento.
La gran pérdida de mercurio va a causar tiempos difíciles a la
corona por muchos años. Los dos galeones hundidos° **sunken**
permanecen° inaccesibles bajo las aguas de la Bahía de **remain**
Samaná.

Más de doscientos cincuenta años más tarde, en el año
1976, Tracy Bowden, un buzo° explorador, y su compañía **diver**
«Caribe Salvage» deciden rescatar el mercurio. Bowden obtiene
permiso de la República Dominicana para buscar los dos
galeones de la bahía. Primero, Bowden y su grupo viajan a
España. Visitan los archivos del período colonial en Sevilla.
Con gran dificultad se informan sobre los detalles del
naufragio. Identifican el lugar exacto donde se hallan° el **are found**
«Guadalupe» y el «Tolosa», los dos galeones que están
enterrados° bajo toneladas de arena°. **buried; sand**

El equipo de buzos excava y excava por casi tres años. Finalmente llegan a la segunda cubierta° de los galeones. ¡Qué **deck**
sorpresa! No pueden entrar. No pueden alcanzar el mercurio
porque hay una carga de herrajes° que están colocados° encima **iron trimmings; placed**
de los barriles de mercurio. ¡Qué lástima! En los tiempos actu-
ales, el mercurio enterrado valdría° mucho. ¡Valdría más de un **would be worth**
millón de dólares!

Pero todo no está perdido...el esfuerzo° de Bowden y su **effort**
compañía no es en vano. ¡Tienen suerte! Encuentran joyas:
perlas, broches de diamantes, anillos, medallones y brazaletes
de oro, y monedas antiguas que revelan la fortuna de los
pasajeros. También encuentran artefactos finos° del siglo **delicate**
XVIII. Encuentran cientos de vasos, botellas, garrafas° de **carafes**
vino, platos de cristal y cerámica y otros artículos de calidad
extraordinaria. Todo es un legado° que revela la vida de la **legacy**
época colonial española del siglo XVIII. El grupo de Tracy
Bowden y el gobierno dominicano son los dueños° de este **owners**

tesoro que en la actualidad se exhibe en el Museo de las Casas Reales en Santo Domingo, la capital de la República Dominicana.

¿Y el mercurio? El mercurio permanece allí, enterrado en barriles. Un verdadero tesoro líquido que quizás algun día el hombre del futuro con sus avances técnicos podrá° rescatar de   will be able to la Bahía de Samaná.

¿Comprendiste tú?

En el texto que acabas de leer hay mucha información histórica. Escoge la respuesta apropiada *a*, *b* o *c* que corresponde a la información.

1. La corona española pasa una época difícil a causa de. . .
   a. las extensas minas de oro y plata.
   b. la riqueza fabulosa.
   c. un acontecimiento funesto.

2. El destino de los dos galeones españoles es. . .
   a. el puerto de Cádiz.
   b. el puerto de Veracruz.
   c. el sur de España.

3. El uso más importante del mercurio es. . .
   a. la fabricación de coronas.
   b. la fabricación de espejos.
   c. la extracción y el refinamiento del oro y de la plata.

4. Los galeones naufragan a causa de. . .
   a. un huracán de magnitud destructora.
   b. los arrecifes de coral.
   c. las cuatrocientas toneladas.

5. Doscientos cincuenta años más tarde una compañía decide. . .
   a. enterrar los galeones.
   b. rescatar el mercurio.
   c. buscar toneladas de arena.

6. El equipo de buzos no puede alcanzar el mercurio porque. . .
   a. excavan por casi tres años.
   b. hay una carga de herrajes.
   c. hay unos barriles.

7. El equipo de buzos tiene suerte porque...
   a. trabajan con el gobierno dominicano.
   b. encuentran un legado que revela la época colonial.
   c. son parte del grupo de Tracy Bowden.

8. El tesoro líquido está enterrado...
   a. en la Bahía de Samaná.
   b. en el Museo de las Casas Reales.
   c. en la capital de la República Dominicana.

Aumenta tu vocabulario

La vida marina

bucear *to dive*
nadar *to swim*
pescar *to fish*

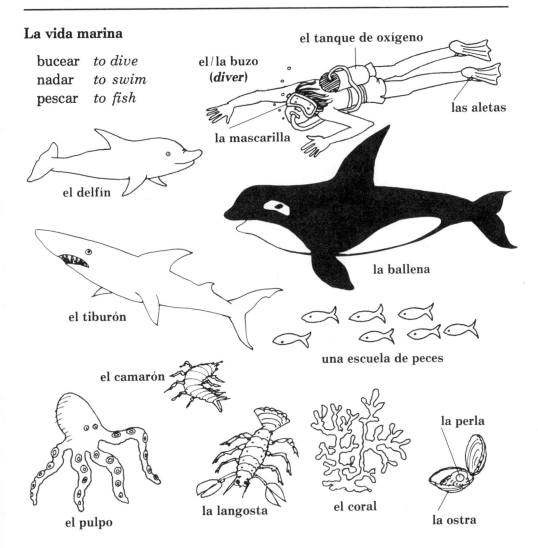

el tanque de oxígeno

el/la buzo
(*diver*)

las aletas

la mascarilla

el delfín

la ballena

el tiburón

una escuela de peces

el camarón

la perla

el pulpo

la langosta

el coral

la ostra

ACTIVIDAD | 1

¿Qué habitante del mar soy? Lee las descripciones siguientes e identifica los animales que corresponden a cada párrafo.

1. Soy un mamífero (*mammal*) marino enorme. Puedo pesar hasta 100 toneladas. Generalmente soy gris o azul, pero la más famosa de mi tipo fue blanca.

2. Soy un mamífero que vive en el mar. Soy más inteligente que otros animales. Me gusta ser amigo del hombre. Vivo también en acuarios.

3. Vivo en los océanos. El hombre me considera su enemigo. ¡Ten cuidado si estás nadando en el mar!

4. Soy un animal pequeñísimo. Vivo en colonias. Mi coraza (*shell*) blanca, rosada o anaranjada sirve para fabricar joyas finas.

5. Soy un pequeño crustáceo del mar y del río. Conmigo se hacen platos (*dishes*) deliciosos. Soy el favorito entre los aperitivos. Pero . . . soy más caro que otros mariscos (*seafoods*).

La cocina del mar de Andalucía.

Restaurante, Bar. Camarotes Privados. Especialidades:
Pescados a la Sal. Pescaditos Fritos y Mariscos.
ORENSE, 64-66. Tel. 270 20 04. MADRID-20

ACTIVIDAD | 2

Imagina que vas a tomar lecciones de buceo. Haz una lista de las cosas que debes comprar.

ACTIVIDAD | 3

Ahora, estás en una tienda donde venden equipos y artículos para bucear. Habla con el dependiente (un compañero de clase) y pídele la lista de las cosas que necesitas. El dependiente tiene que contestar si tiene o no tiene esos artículos y decirte cuánto cuesta cada artículo. (Consulta la Actividad 2).

ACTIVIDAD | 4

Para descubrir el nombre de unas islas encantadas muy famosas por la belleza de la vida marina que existe allí, completa las siguientes frases. Mete las letras numeradas en los espacios en blanco apropiados.

1. Los buzos necesitan tener tanques de: __ __ __ _1_ __ __ _8_

2. En los pies un buzo se pone las: _2_ __ __ __ _4_ __

3. En algunas ostras es posible encontrar: _5_ __ __ __ __ _9_

4. Un animal que tiene muchos brazos es el: __ __ _3_ __ __

5. Un crustáceo marino que es delicioso y muy caro: __ __ __ _7_ __ __ __ _6_

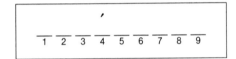

Usa tu imaginación

Tú eres Tracy Bowden y estás contando tu exploración en la Bahía de Samaná. Usa las siguientes preguntas como guía (*guide*).

¿Qué hay en la Bahía? ¿Cómo verificas la existencia de lo que hay allí? ¿Qué haces? ¿Quiénes forman tu equipo de buzos? ¿Qué animales pueden atacar a los buzos? ¿Qué otras dificultades encuentras? ¿Qué artículos interesantes encuentras? ¿Qué haces con el tesoro? ¿Qué estás pensando hacer en el futuro?

Preparación para la lectura

Nota el significado de estas palabras. Vas a encontrarlas en el texto que vas a leer.

el ciclismo

> El **ciclismo** es un deporte individual que requiere una bicicleta.
>
> Juan practica el **ciclismo** los fines de semana.

la chueca

> La **chueca** es un deporte de equipo que se juega con pelota (*ball*) y bastón (*wooden stick*) en la hierba (*grass*).
>
> La **chueca** es un deporte muy popular en el mundo hispano.

un equipo

> Un **equipo** es un grupo de jugadores.
>
> Hay once jugadores en un **equipo** de chueca.

un portero

> Un **portero** es el jugador que cubre la meta (*goal*).
>
> Cada equipo tiene **portero**.

un torneo

> Un **torneo** es un evento atlético.
>
> Cada colegio tiene **torneos** deportivos.

la salud

> La **salud** es el estado físico o mental de una persona.
>
> Los jugadores tienen buena **salud**.

13 | La chueca

Estructura: el pretérito y el imperfecto

El deporte más popular del mundo hispano es el fútbol. Pero también hay otros deportes que se juegan mucho. ¿Cuáles? El ciclismo, la natación°, el tenis, el básquetbol y la chueca. La chueca es el hockey sobre hierba y es uno de los juegos más antiguos. En efecto°, tiene más de 2.000 años. Hay evidencia que los aztecas practicaban este deporte.

    En la España del siglo XII, el juego de la chueca se jugaba con dos equipos. El juego consistía en empujar° una pelota con un bastón y pasarla por una raya° determinada. Es decir

swimming

In fact

pushing
line

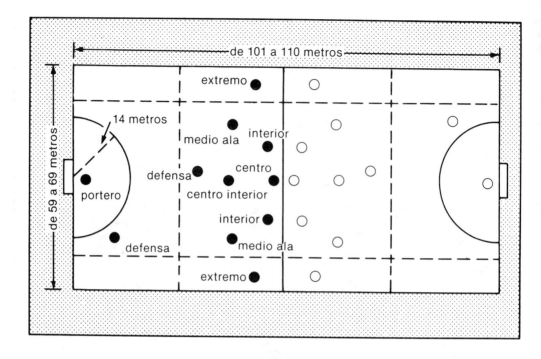

marcar un gol. Con la conquista, la chueca pasó a Latinoamérica. Se dice que en 1646 se jugaba la chueca con mucho
entusiasmo en Chile.

La chueca se jugaba en Francia bajo el nombre de
«hoquet» que es la palabra francesa para el bastón del pástor°.   shepherd's
Más tarde los ingleses jugaban este juego con el nombre de   crook
«hockey».

Un equipo de chueca tiene once jugadores. Los jugadores
deben ser ágiles y veloces. Hay dos porteros, uno en cada lado
del campo°. El portero es el único jugador que usa rodilleras°.   field; knee
Cada jugador tiene bastón. La pelota que se llama chueca es   pads
una pelota de cuero° muy similar a una pelota de béisbol.   leather

No es necesario gastar mucho dinero para jugar a la
chueca. Se juega al aire libre y lo que se necesita es: un pantalón
corto, una camiseta, zapatos, un bastón y una chueca.

Por mucho tiempo la chueca fue un deporte local de los
chicos de escuelas y colegios. Pero hoy en día es un deporte
nacional. . .e internacional. El torneo internacional de chueca
se jugó por primera vez en los Juegos Panamericanos de 1967.
Argentina fue el ganador. El equipo que gana en los Juegos
Panamericanos está automáticamente seleccionado para jugar
en los Juegos Olímpicos.

España tiene uno de los mejores equipos de chueca.
Veamos sus triunfos:

1971	Copa Mundial	Segundo lugar
1970	Copa de Europa	Tercer lugar
1974	Copa de Europa	Primer lugar
1980	Juegos Olímpicos	Segundo lugar

La chueca es un deporte masculino° muy popular en Europa. men's sport
En los Estados Unidos se lo considera un deporte femenino°. women's sport
En los Juegos Olímpicos de 1984 el equipo femenino de chueca
de los Estados Unidos quedó° en tercer lugar. placed

¿Comprendiste tú?

Indica si las frases siguientes son ciertas o falsas. Si son falsas
explica el porqué.

Cierto Falso

☐ ☐ 1. La chueca es el deporte más popular del mundo hispano.

☐ ☐ 2. Hay muchos deportes que son populares en los países hispanos.

☐ ☐ 3. La chueca es un deporte nuevo.

☐ ☐ 4. Para jugar a la chueca empujas la pelota con un bastón.

☐ ☐ 5. La pelota se llama chueca.

☐ ☐ 6. Hay dos jugadores en un equipo de chueca.

☐ ☐ 7. El portero es el jugador que usa rodilleras.

☐ ☐ 8. Es necesario gastar mucho dinero para jugar a la chueca.

☐ ☐ 9. Argentina ganó el torneo de chueca en los Juegos Panamericanos de 1967.

☐ ☐ 10. El equipo de chueca de España es muy bueno.

Aumenta tu vocabulario

A. *El jugador*

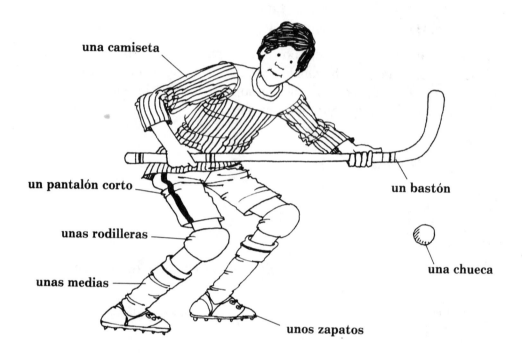

una camiseta

un pantalón corto

un bastón

unas rodilleras

una chueca

unas medias

unos zapatos

B. *Los deportes*

Deportes de equipo
el fútbol
el básquetbol
el volibol
el béisbol
la chueca

Deportes individuales
el boleo *bowling*
el patinaje *skating*
la natación *swimming*
el windsurfing
el correr las olas *surfing*
el esquí

El equipo (*equipment*) necesario
las bolas y los clubs *balls and pins*
los patines *skates*
un traje de baño *bathing suit*
una plancha de viento *sailboard*
una plancha *surf board*
los esquís y los bastones

la meta	goal (posts)	El portero guarda la **meta**.
el adversario	opponent	El **adversario** tiene una defensa buena.
lanzar	to throw	El joven **lanza** la pelota.
tirar	to shoot	El jugador **tira** un gol.
marcar	to score	El equipo **marca** un gol.

Nota las construcciones:

Practicar un deporte   ¿Qué deportes **practicas**?

Jugar a (+ deporte que   **Jugamos** al tenis.
requiere varios jugadores)

ACTIVIDAD | 1

En cada grupo indica la palabra que **no** conviene.

1. camiseta, zapatos, medias, bastón
2. fútbol, básquetbol, equipo, volibol
3. esquí, buceo, natación, rodillera
4. jugador, portero, adversario, pelota
5. boleo, patinaje, empujar, natación
6. deporte, lanzar, tirar, marcar
7. plancha, bola, torneo, chueca

ACTIVIDAD | 2

Lee la descripción de los deportes siguientes. Escoge el deporte
apropiado de la lista.

a. el fútbol   e. el esquí
b. el boleo   f. el correr las olas
c. el béisbol   g. la chueca
d. la natación

___ 1. El jugador usó el bate. La pelota salió fuera del diamante.
       ¡Qué pelotazo (*hit*)!
___ 2. ¡Qué buen jugador! Con una sola bola, cayeron los
       diez clubes.
___ 3. Bajó de la montaña con mucha velocidad. ¡Qué agilidad!
___ 4. El atleta nadó con mucho estilo y ganó el torneo.
___ 5. Corrió, corrió, corrió con la chueca y el bastón.
       Y . . . ¡marcó un gol!
___ 6. En Hawai ese deportista y su plancha tuvieron éxito
       con las olas.

ACTIVIDAD | 3

Contesta las siguientes preguntas:

1. ¿Cuál es tu deporte favorito? ¿el ciclismo? ¿la natación?
   ¿la chueca u otro deporte? ¿Por qué?

2. ¿Qué necesitas si quieres jugar al béisbol? ¿al volibol?
   ¿a la chueca? ¿a tu deporte favorito?

3. ¿Qué deportes practicabas cuando eras niño(a)?
   ¿Cuáles practicas ahora?

4. En tu opinión, ¿cuál es el deporte más económico? ¿Por qué?

Usa tu imaginación

Haz una pequeña encuesta (*poll*) en tu clase para saber cuáles eran
los deportes favoritos del año pasado. Pregúntales a cinco
compañeros:

1. ¿Qué deportes practicaban?
2. ¿Jugaban en un equipo?
3. ¿Qué deportes miraron en la televisión el año pasado?
4. ¿Cuáles eran los equipos profesionales favoritos?
5. ¿Quiénes eran sus jugadores favoritos de los equipos?
6. ¿A qué eventos deportivos asistieron? ¿Con quién(es)?

Preparación para la lectura

Nota el significado de las palabras siguientes. Estas palabras están en el texto que vas a leer.

una noticia

> Una **noticia** es el anuncio de un evento.
>
> Hay **noticias** buenas y hay **noticias** malas.

el correo

> El **correo** es el servicio público que transporta la correspondencia.
>
> El **correo** moderno es muy rápido.

una posta

> Una **posta** es una estación de correo.
>
> Cada **posta** de los incas quedaba a cinco kilómetros de la otra.

una notación

> Una **notación** es la manera de indicar algo con signos.
>
> Los incas tenían un sistema de **notación** excelente.

el quechua

> El **quechua** es la lengua de los incas.
>
> Muchos indios del Perú y del Ecuador hablan **quechua**.

Los chasquis: ¡un sistema de correos excelente!

Estructura: el imperfecto de los verbos regulares e irregulares

Un chasqui

Uno de los eventos diarios de la vida moderna es recibir correo. El correo trae noticias, trae cartas, tarjetas postales, revistas, paquetes y cuentas°. Es un servicio de comunicación verdaderamente estupendo. — bills

En el continente americano mucho antes de la llegada de Cristóbal Colón y exactamente en la época° del Imperio Inca, el servicio de correo cubría° una área enorme. El imperio se extendía desde la parte norte de Colombia hasta la parte norte de Chile y cubría una distancia de 8.000 kilómetros (casi cinco mil millas). Hay evidencias históricas que revelan que un — time, covered

mensaje° de Cuzco, la capital del imperio, a Quito, la ciudad   message
principal, llegaba en cuatro días. ¡Una distancia de 2.000
kilómetros (más de mil millas)!

Durante la época de los Incas no había caballos en el
continente americano. Había caballos en Europa. Los Incas
tenían la llama, el animal de carga° nativo de los Andes. Los   beast of
                                  burden
Incas podían usar la llama para obtener lana° para sus tejidos°   wool; weavings
y para transportar ciertas cargas. Pero. . . no podían montar°   ride
la llama. ¿Por qué? Porque la llama no resiste el peso° humano.   weight
Fueron los españoles los° que trajeron el caballo a América.   the ones

Y entonces, ¿cómo funcionaba el sistema de correos sin
tener transportación para el mensajero°? Funcionaba con   messenger
chasquis. Los chasquis eran jóvenes atletas incas que corrían
con los mensajes del Imperio Inca de una posta a otra. Cada
posta estaba a una distancia de más o menos cinco kilómetros
(tres millas) de una a otra. Un chasqui pasaba el mensaje a otro
chasqui, y así cada chasqui solamente corría cinco kilómetros.
Estos corredores veloces° corrían y cruzaban montañas, selvas   fast

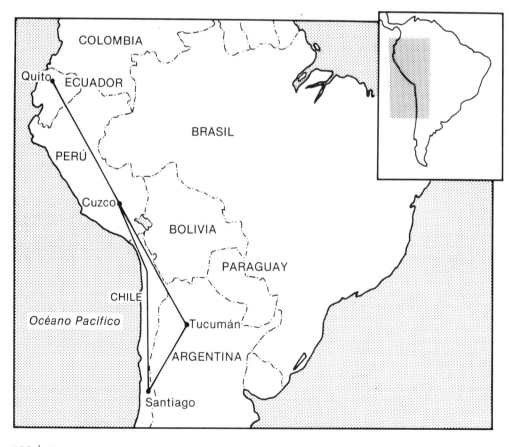

y valles con los mensajes. Era realmente un sistema de correos muy coordinado y muy bien organizado.

Los mensajes no eran ni escritos ni orales. Los Incas tenían un sistema de notación muy especial. Este sistema que consistía de cordones° con nudos° se llamaba «quipo». El quipo era una serie de cordones que colgaban° de una vara°. Los cordones eran de distintos colores y tenían una cierta cantidad de nudos. Cada nudo significaba una palabra o un número. Estos nudos se traducían a mensajes en su lengua, el quechua. Cada chasqui pasaba el quipo al próximo° chasqui corredor.

El sistema de correo del Imperio Inca refleja la alta cultura indígena que existía hace más de 700 años en la América del Sur. Y… ¡qué correo más eficaz°! Todo gracias a los jóvenes atletas llamados chasquis y al espíritu innovador de los Incas.

small ropes; knots were hanging; rod

next

efficient

¿Comprendiste tú?

Lee con cuidado. Para cada frase escoge la terminación *a*, *b* o *c* que corresponde al texto que acabas de leer.

1. Un evento de todos los días es recibir…
   a. cuentas. b. correo. c. paquetes.

2. En el continente americano, antes de la llegada de Colón, el correo ya…
   a. extendía.   b. existía.   c. corría.

3. El Imperio Inca cubría una área…
   a. pequeña.   b. enorme.   c. bonita.

4. Las evidencias históricas revelan que un… llegaba en cuatro días.
   a. kilómetro   b. quechua   c. mensaje

5. Durante la época de los incas, antes de la llegada de los españoles, no había…
   a. correo.   b. llamas.   c. caballos.

6. El sistema de correo de los incas funcionaba con…
   a. atletas.   b. distancia.   c. posta.

7. Los quipos colgaban de una…
   a. vara.   b. serie.   c. cantidad.

8. El quechua es la lengua de los…
   a. cordones.   b. incas.   c. nudos.

Aumenta tu vocabulario

A. **La correspondencia**

un lápiz	*pencil*
un bolígrafo	*ball-point pen*
una pluma	*fountain pen*
un marcador	*felt tip pen*
un papel	*paper*
una hoja de papel	*sheet of paper*
una tarjeta	*card*
una tarjeta postal	*post card*
una carta	*letter*
un sobre	*envelope*
un sello	*stamp* (España)
una estampilla	*stamp* (América del Sur)

B. El correo

una oficina de correos	*post office*
un apartado	*post office box* (España)
una casilla	*post office box* (América del Sur)
un buzón	*mail box*
el (la) cartero(a)	*mail carrier*
el correo aéreo	*air mail*
el correo ordinario	*regular mail*
una carta certificada	*certified letter*
el código postal	*"zip" code*
echar al correo	*to mail*

C. Para escribir una carta

- Pon el nombre de la ciudad y la fecha en la parte superior° del papel y a la derecha.

at the top

- ¿Cómo vas a comenzar tu carta? ¡Depende! Depende a quien le escribes.

Saludos°

Salutations

a un amigo (o a una amiga)
Querido Pablo,   Querida Silvia,
Mi querido Enrique,   Mi querida Beatriz,

a un adulto
(si tú no conoces muy bien a esta persona)
Señor, Señora, Señorita,

(si tú conoces muy bien a esta persona)
Estimado Señor Benítez,
Estimada Señorita Rivas,

a una compañía o a una oficina
Estimados señores°,

Sirs

- ¿Cómo vas a terminar tu carta?

Despedidas°   Closings
(si tú conoces muy bien a la persona)
   Con cariño°,   love
   Cordialmente,
   Sinceramente,

(si la persona es tu amigo(a) o pariente°)   relative
   Recuerdos°,   Regards
   Afectuosamente°,   Affectionately
   Abrazos y besos°,   Hugs and
                                                            kisses
   Besitos°,   Kisses

Si tú escribes una carta oficial, sé° muy formal.   be
Termina con una de las siguientes frases:
   Atentamente
   Respetuosamente°,   Respectfully
   A sus órdenes°,   At your
                                                            service
   Su seguro(a) servidor(a)°,   Yours truly

- Firma° de una manera poco legible. Así tu firma es difícil   Sign
  de imitar.

ACTIVIDAD | 1

En cada grupo escoge la palabra que **no** conviene.

1. pluma, bolígrafo, marcador, papel
2. carta, tarjeta, sobre, lápiz
3. buzón, sello, apartado, casilla
4. aéreo, ordinario, carta, certificado

Los chasquis: ¡un sistema de correos excelente! | 113

ACTIVIDAD | 2

Imagina que estas personas tienen que contestar su correspondencia. ¡Ayúdalas! Como puedes dar varias respuestas, escoge las mejores. ¡Usa la lógica!

1. Juan Pablo empieza a escribir una carta a su mejor amigo.
2. Luisa empieza a escribir a la compañía de automóviles.
3. Pepito termina la carta para su mamá.
4. Enrique se despide de su novia.
5. La secretaria saluda al cliente en la carta.
6. El Sr. Pérez se despide de su jefe en la carta.

a. Querido(a)
b. Mi querido(a)
c. Estimado(a)
d. Con cariño
e. Cordialmente
f. Abrazos y besos
g. Afectuosamente
h. Atentamente

ACTIVIDAD | 3

Completa cada frase con una de las palabras de la lista.

código postal	apartado
estampilla	aéreo
buzón	carta certificada
hoja de papel	cartero
sobre	echa al correo

1. La carta necesita una _____ de veinte y dos centavos.
2. El correo _____ es más rápido que el ordinario.
3. Mi papá tiene un _____ en la oficina de correos.
4. Tenemos un sistema de correos muy puntual. El _____ pasa por aquí a las doce.
5. Cada oficina de correo de los Estados Unidos tiene su propio _____.
6. En esa calle hay un _____ azul.
7. Por favor, _____ esta correspondencia.
8. Quiero enviar una _____ porque debo mandar esos papeles importantes.

ACTIVIDAD | 4

Imagina que tienes dos amigos hispanos, Francisco Parra que vive en Santiago, la capital de Chile, y Elsa Rojas que vive en San José, la capital de Costa Rica.

1. Escríbele una tarjeta postal a Francisco donde le dices lo que° tú hiciste el fin de semana pasado.   what

2. Escríbele una cartita° a Elsa donde le dices lo que tú piensas   short letter
   hacer el próximo verano. Pregúntale que va a hacer ella durante el verano.

Usa tu imaginación

Imagina que trabajaste en la oficina de correos durante el verano y que tuviste que clasificar el correo. Contesta las siguientes preguntas sobre tu trabajo.

1. ¿Cómo clasificaste las cartas? ¿por ciudades? ¿por estados?
2. ¿Te gustó más ver sobres escritos a máquina o escritos a mano? ¿Por qué?
3. ¿Habían muchas tarjetas postales? ¿De qué partes de los Estados Unidos eran? ¿De qué países del mundo eran?
4. ¿Habían muchos paquetes? ¿De qué tamaño eran? ¿Cuánto pesaban?
5. ¿Te gustó el trabajo? Explica el porqué de tu contestación.

Preparación para la lectura

Tú vas a encontrar estas palabras en el texto que vas a leer. Nota el significado de estas palabras.

un ejército

> Un **ejército** es un grupo de soldados bajo la dirección de un general.
>
> El **ejército** de Simón Bolívar era muy dedicado a la independencia.

una asignatura

> Una **asignatura** es una materia que se enseña a un estudiante.
>
> Las **asignaturas** favoritas de Bolívar fueron la geografía y la historia.

un fracaso

> Un **fracaso** significa algo que no tiene éxito.
>
> Bolívar experimentó muchos fracasos con su ejército.

un criollo

> Un **criollo** es un español nacido (*born*) en la América española.
>
> Simón Bolívar fue en **criollo** famoso.

merecer

> **Merecer** significa ser o hacerse (*become*) digno (*worthy*) de algo.
>
> El soldado **mereció** la medalla.

15 | El libertador de cinco naciones: Simón Bolívar (1783–1830)

Estructura: el pretérito y el imperfecto

Muchos piensan que Simón Bolívar es el Jorge Washington de la América del Sur. ¿Por qué? ¿Qué hizo Bolívar para merecer este título? El luchó por la independencia de cinco naciones. Con un ejército deficientemente equipado como el ejército de Jorge Washington, Bolívar venció° a las tropas° españolas.

conquered; troops

Simón Bolívar perteneció° a una familia venezolana noble   belonged
y rica. Desafortunadamente°, su padre murió cuando Bolívar   Unfortunately
tenía siete años y su madre murió cuando él tenía nueve años.
Sus tíos, unos nobles españoles le mandaron un tutor°. Su   guardian
tutor, Don Simón Rodríguez le enseñó las asignaturas básicas
y le enseñó otras ideas que no estaban permitidas. Le enseñó
geografía y le enseñó el concepto de la libertad. Simón Bolívar
aprendió que las colonias españolas ocupaban un territorio
inmenso—un territorio más grande que España. Y que así
como las colonias inglesas en Norteamérica, las colonias
españolas pagaban impuestos° muy altos a la corona.   taxes

Cuando Bolívar tenía diez y seis años, él viajó a España.
Pero un día, cerca de Madrid, la policía lo arrestó, lo despojó° de   took away
su ropa fina, de sus diamantes y de su caballo de raza pura°.   thoroughbred
¿Por qué? Porque era criollo. ¡Era un español nacido en América! Para sus atacantes° un criollo no debía vestirse tan bien. La   attackers
policía metió a Bolívar en una celda° sucia, sin cama. ¡Como a   cell
un verdadero criminal! Al día siguiente, su tío, un noble rico
español, lo sacó de la prisión. ¡Bolívar había cambiado°! Una   had changed
noche en prisión le enseñó lo que es la falta° de justicia y   lack
libertad y lo que es la discriminación.

Cuando tenía veinte y dos años volvió a su Venezuela, via
la ciudad de Washington, la nueva capital de los Estados
Unidos. Visitó y charló mucho con el presidente Tomás
Jefferson. Cuando llegó a Venezuela empezó a sostener° re-   to hold
uniones secretas con sus amigos. Poco a poco empezó a ganarse
el respaldo° de los venezolanos criollos prominentes para lu-   support
char por la independencia.

La lucha continuó por seis años hasta que el mismo Bolívar
y su general Miranda fueron capturados. Su general murió en
prisión, pero por destino, el oficial español en comando cometió
un grave error: ¡le dio su libertad a Bolívar! Ya el gobierno
español le había quitado todo su dinero, sus propiedades, su
ropa fina. Bolívar huyó° de Venezuela. Tenía miedo de ser   fled
prisionero otra vez. Se fue a vivir en exilio a Santa Margarita,
una isla pequeña fuera de la costa de Colombia. Allí,
eventualmente se informó que había otros revolucionarios que
también querían la independencia de España. Bolívar quería
unirse con los otros revolucionarios pero no tenía dinero para
armar un ejército.

Una día, por suerte, Bolívar descubrió que uno de sus soldados leales° había cosido° los diamantes de Bolívar en una pequeña bolsita en su chaqueta para evitar° el robo de ellos. ¡Qué alegría! ¡Ver lo único que le quedaba° de su inmensa fortuna! Bolívar vendió los diamantes y obtuvo dinero para su ejército.

loyal; had sewn
avoid

was left

Poco a poco, el ejército de Bolívar empezó a tener victorias contra las tropas españolas. En 1819, obtuvo la independencia de Colombia. Más tarde, cruzó° los Andes con sus tropas. No había caminos y el frío de los Andes era implacable. Su tropa no tenía la ropa adecuada. Llegaron a Venezuela. En 1821 obtuvo la independencia de Venezuela y en 1822 la independencia del Ecuador. Los venezolanos quisieron darle el título de emperador. ¡No! Bolívar no quería ser emperador. Él deseaba tener el mismo gobierno que tenía los Estados Unidos. Venezuela, el Ecuador y Colombia formaron la Gran Colombia. Bolívar fue el presidente.

he crossed

Así siguió luchando°, y en 1824, el Perú obtuvo la in- — he kept fighting
dependencia. Bolivia, nombrado° en honor de Bolívar, fue — named
también otra república.

Los ideales de Bolívar fueron la libertad y la justicia.
Fomentó° la creación de constituciones y la construcción de — He encouraged
escuelas y universidades. Su aspiración era unir los pueblos de
América en una gran federación. Bolívar fue estadista°, — statesman
soldado, y un excelente orador y escritor. Sin embargo, a causa
de desacuerdos° entre sus ministros, la Gran Colombia fracasó. — disagreements
Cada país quería su independencia.

En 1830 renunció a la presidencia de Colombia. Estaba
cansado. Se sentía enfermo. Su sueño era un fracaso. Simón
Bolívar murió en Santa Marta, Colombia el 17 de diciembre del
mismo año. ¡A la edad de 47 años!

Su muerte causó consternación en Europa y en toda
América. Él inspiró en sus compatriotas independencia,
libertad y justicia. El título de libertador era muy merecido. En
su honor, Venezuela nombró su moneda el *bolívar* y Colombia
nombró una ciudad, *Ciudad Bolívar*. Bolivia lleva su nombre y
por todo el mundo latinoamericano hay estatuas que honran al
libertador. ¡Es el Jorge Washington de la América del Sur!

¿Comprendiste tú?

Presta atención a las frases siguientes. Escoge la respuesta *a, b* o *c*
que corresponde al texto que acabas de leer.

1. Bolívar mereció el título de libertador porque...
   a. tenía un ejército deficientemente equipado.
   b. luchó por la independencia de cinco naciones.
   c. perteneció a una familia venezolana noble y rica.

2. El tutor de Simón Bolívar le enseñó que...
   a. España era más grande que las colonias españolas.
   b. las colonias españolas pagaban impuestos muy altos.
   c. sus tíos eran unos nobles españoles.

3. Cerca de Madrid la policía arrestó a Bolívar a causa de que...
   a. tenía diez y seis años.
   b. era un verdadero criminal.
   c. era un criollo muy bien vestido.

4. Una noche en prisión le enseñó a Bolívar lo que era...
   a. la discriminación.
   b. una celda sucia.
   c. ser noble y rico.

5. Cuando Bolívar tenía veinte y dos años él...
   a. visitó a Venezuela.
   b. visitó al presidente de los Estados Unidos.
   c. volvió a Madrid.

6. Seis años más tarde Bolívar se fue a vivir a Santa Margarita porque...
   a. le gustaba esta isla fuera de la costa de Colombia.
   b. tenía muchas propiedades allí.
   c. allí podía vivir en exilio.

7. Bolívar obtuvo dinero para su ejército porque...
   a. encontró su dinero en una chaqueta.
   b. encontró sus diamantes en una bolsita en su chaqueta.
   c. sus soldados robaron los diamantes.

8. El sueño de Bolívar era...
   a. ser emperador de Venezuela.
   b. formar la Gran Colombia.
   c. crear muchas repúblicas.

ACTIVIDAD | 1

Un gran número de personajes y lugares históricos son mencionados en el texto de la lectura. Escribe estos nombres en los espacios en blanco.

1. El jefe del ejército de la independencia norteamericana:
   _____

2. El tutor de Simón Bolívar: _____

3. La capital de España: _____

4. Un presidente de los Estados Unidos a quien Bolívar visitó: _____

5. Los tres primeros países que formaron la Gran Colombia:
   _____, _____ y _____

6. El país que lleva el nombre de Bolívar: _____

7. El lugar donde Bolívar murió: _____

8. El país donde está la Ciudad Bolívar: _____

Aumenta tu vocabulario

La guerra y la paz

la guerra (*war*) ≠ la paz (*peace*)
    la primera guerra mundial
    la segunda guerra mundial
        En 1941, los norteamericanos entraron en **guerra** con el
        Japón. Después de la **guerra** se firmó (*signed*) un tratado
        (*treaty*) de **paz**.

un enemigo ≠ un aliado
    Durante la segunda guerra mundial, los norteamericanos y
    los ingleses eran **aliados**. Los norteamericanos y los alemanes
    eran **enemigos**.

una victoria ≠ una derrota
    Bolívar tuvo muchas **victorias** pero también sufrió muchas
    derrotas.

una batalla
    Una **batalla** se gana o se pierde.

Las fuerzas armadas

el ejército (*army*)
    un general
    un oficial
    un soldado

la marina (*navy*)
    un admiral
    un marino (*sailor*)

la fuerza aérea (*air force*)
    un piloto

1982 Año del General
VICENTE GUERRERO
BICENTENARIO DE SU NATALICIO
.80
MEXICO
RAMON ALCANTARA RDGZ

ACTIVIDAD | 2

Los hispanoamericanos no olvidan a sus héroes de independencia.
Para saber el nombre del militar venezolano que ayudó mucho a
Bolívar, completa las frases con las palabras que convienen. En honor
a este héroe, nombran una ciudad en Bolivia, nombran un estado en
Venezuela, un departamento (estado) en Colombia, y la moneda
(*currency*) del Ecuador. Ahora, mete las letras numeradas en los
espacios en blanco respectivos.

1. Para los europeos la primera __ __ __ __ __ __ mundial duró
   _{15 13   17 1}
   desde 1914 a 1918.

2. Durante la época colonial, España fue el __ __ __ __ __ __
   _{18 5   6   7}
   de los revolucionarios hispanoamericanos.

3. Poco a poco el __ __ __ __ __ __ __ de Bolívar empezó a ganar.
   _{8   16   3 4}

4. Muchos __ __ __ __ __ __ __ __ murieron en las batallas de
   _{10   12   9 14}
   independencia.

5. Un marino es un soldado de la __ __ __ __ __ __.
   ₂

6. En la fuerza __ __ __ __ __ hay muchos pilotos que son oficiales.
   ₁₁

```
 __ __ __ __ __ __ __   __ __ __ __   __ __   __ __ __ __ __
  1  2  3  4  5  6  7    8  9 10 11   12 13   14 15 16 17 18
```

ACTIVIDAD | 3

Contesta las siguientes preguntas:

1. ¿Piensas que la mujer debe alistarse en las fuerzas armadas (*armed forces*)? ¿Por qué? ¿Por qué no? Explica tu opinión.

2. ¿Qué papel tuvo la mujer en las guerras mundiales?

3. ¿Estás de acuerdo con el concepto de justicia para todos? ¿libertad para todos? ¿Por qué? ¿Por qué no?

Preparación para la lectura

Las palabras siguientes están en el texto que vas a leer. Nota el significado de estas palabras.

chistoso(a)

> **Chistoso(a)** significa algo cómico o alguien que dice muchos chistes (*jokes*).
>
> Cantinflas es un hombre muy **chistoso**.

la manga

> La **manga** es la parte de la camisa que cubre el brazo.
>
> Mi camisa tiene **mangas** cortas.

la pantomima

> La **pantomima** es el arte de expresarse por medios de gestos (*gestures*) y movimientos.
>
> Cantinflas es el rey mexicano de la **pantomima**.

un torero

> Un **torero** es la persona que lucha contra el toro.
>
> Cantinflas ha hecho el papel de **torero**.

los bienes raíces

> Los **bienes raíces** son las propiedades de edificios y tierras.
>
> Don José ha acumulado una fortuna en **bienes raíces**.

una vivienda

> Una **vivienda** es un lugar donde uno vive, generalmente una casa.
>
> El gobierno ha construido **viviendas** para los pobres.

16 | El rey de la pantomima

Estructura: el presente perfecto

¿Quién es el vagabundo, mal vestido y chistoso que conquista los corazones de niños y adultos del mundo hispano? Para muchos millones de hispanos, este vagabundo es el símbolo del buen humor y de la comedia máxima. ¡Es Cantinflas! Su verdadero nombre es Mario Moreno, el actor cómico mexicano más querido en Latinoamérica. Es la estrella° de cientos de películas en español que tienen éxito no solamente en México pero en los otros países de habla hispana°. Algunas de sus películas son: «Ni sangre°, ni arena°», «El conserje°», «El Quijote cabalga° de nuevo», y «El profe». El público norteamericano recuerda a Cantinflas por su papel de criado° en la película «La vuelta al mundo en ochenta días».

° star

° Spanish-speaking

° blood; sand; janitor

° rides

° servant

¿Mal vestido? Sí, muy mal vestido. Lleva los pantalones flojos°, atados° con una cuerda°, una camiseta vieja de mangas largas, un chaleco° viejo, una corbata vieja, un sombrero viejo y unos zapatos de malas condiciones.

loose; tied; rope
vest

¿Y su cara? Está acentuada por un pequeño bigote° pintado con betún°. Su cara es expresiva y chistosa. Es simplemente cómica. ¿Cómo actua? Cantinflas habla muy rápido. A veces usa palabras que no existen. Le gusta inventar palabras nuevas. A veces habla tan rápido que pronuncia mal. En sus actuaciones siempre ha hecho el papel de un personaje feliz, de buen corazón, generoso y muy listo. Siempre ha querido ayudar a otros.

moustache
shoe polish

Cantinflas tiene arte para hacer reír a carcajadas° con solamente caminar. Camina de una manera única y chistosa. Es el rey de la pantomima: mueve las caderas°, mueve las piernas con perfecta coordinación, gesticula con las manos y con la cara expresa emociones.

burst out laughing
hips

Ha hecho papeles de pintor, conserje, camarero, taxista, torero, criado, limpiabotas°, electricista, doctor y otros. Ha filmado películas desde 1936 y siempre ha proyectado una personalidad especial: ¡Cantinflas! La prensa° ha llamado a Cantinflas el «Charlie Chaplin» del cine mexicano. Es el símbolo del buen humor.

shoeshine boy
press

¿Cómo empezó Cantinflas el camino° a la fama? Empezó como niño limpiabotas. Era el hijo de una familia pobre. Pero... era inteligente, listo° y tenía mucha imaginación. Desde niño le gustaba cantar y bailar. Asistió a una escuela agrícola... pero, ¡no le gustó la agricultura! Muy joven se unió a una compañía de espectáculos° y viajó por todo México. Así empezó su carrera de actor cómico. Tuvo tanto éxito que llegó a

road
clever
shows

ser millonario y famoso a la edad de 40 años. En su vida teatral, su público lo conoce tan bien que puede anticipar sus pantomimas y lo que Cantinflas va a decir. El público lo adora.

Pero la vida real de este vagabundo de cientos de películas es diferente de su vida teatral. Mario Moreno, alias Cantinflas, es un hombre sin educación formal, pero es un hombre que ha leído muchísimo. Es educado y muy refinado. Es bilingüe. Habla inglés perfectamente. Sabe mucho de arte y es dueño° de exquisitas colecciones de objetos de arte.

owner

Es un señor millonario. Su casa, mejor dicho°, su mansión, tiene una vista bella de la ciudad de México. También es piloto y tiene su propio avión. Es dueño de bienes raíces y de dos compañías cinematográficas. Es un señor muy rico, pero . . . es un verdadero filántropo°. Cantinflas ha ayudado mucho a los pobres y a la juventud mexicana. Ha sido el benefactor de hospitales, dispensarios y viviendas para los pobres. ¡Ha recibido tantos premios° por sus obras humanitarias como por sus papeles cinematográficos!

better said

humanitarian

awards

Cantinflas sabe que ha tenido suerte. Ha tenido éxito. Ha logrado° la fama y ha obtenido el cariño del público norte-americano. Sin duda, Cantinflas es un payaso° y un filántropo sin igual.

achieved

clown

¿Comprendiste tú?

Completa las frases siguientes con la respuesta *a*, *b* o *c*. Presta atención al texto que tú has leído.

1. Cantinflas hace el papel de . . .
   a. vagabundo. b. niño. c. adulto.

2. Cantinflas es un actor muy . . . en el mundo hispano.
   a. querido   b. mexicano   c. verdadero

3. El público norteamericano lo conoce por su papel de . . .
   en «La vuelta al mundo en ochenta días».
   a. conserje   b. criado   c. estrella

4. Cantinflas lleva los pantalones . . .
   a. largos.   b. flojos.   c. nuevos.

5. En la cara lleva un pequeño . . . pintado con betún.
   a. chaleco   b. sombrero   c. bigote

6. Cantinflas habla muy rápido y le gusta . . . palabras.
   a. inventar   b. pronunciar   c. proyectar

7. Cantinflas camina de una manera chistosa porque . . .
   a. mueve las caderas.   b. es simpático.   c. ayuda a otros.

8. Cantinflas ha empezado su carrera profesional como . . .
   a. millonario.   b. limpiabotas.   c. actor.

9. Cantinflas ha recibido premios por ser . . .
   a. filántropo.   b. bilingüe.   c. pobre.

10. Cantinflas sabe que él ha tenido . . . en su vida teatral.
    a. juventud   b. suerte   c. payaso

Aumenta tu vocabulario

A. *La cinematografía*

Una película
un documental
una película cómica
una película policíaca
una película de aventuras
una comedia musical
una película de vaqueros
una película de ciencia-ficción
una película de horror (de miedo)
una película dramática
una película doblada (*dubbed*)
una película traducida
una película extranjera
un dibujo animado (*cartoon*)

La producción de la película
un actor/una actriz
una estrella (*star*)
el director
el productor de cine
el escenario (*stage*)
el decorado (*set*)
el vestuario (*wardrobe*)
el sonido (*sound*)
la fotografía

B. El cine

la pantalla	*screen*
las butacas	*chairs*
los asientos	*seats*
el boleto	*ticket* (México)
la entrada	*ticket* (España)
el palco	*box seat*
la sala general	*movie hall*
el/la acomodador(a)	*usher*
la taquilla	*box office*
la taquillera	*cashier*

ACTIVIDAD | 1

Contesta las siguientes preguntas:

1. ¿Qué películas de ciencia-ficción has visto? ¿Cuál te gustó más? ¿Por qué?
2. ¿Qué películas cómicas has visto últimamente? ¿Quiénes eran los actores y las actrices?
3. ¿Qué comedias musicales has visto? ¿Cuál es tu favorita?
4. ¿Te gustan las películas de aventuras? ¿Por qué o por qué no?
5. ¿Qué película te ha impresionado más? ¿Qué tipo de película fue?
6. ¿Piensas que el cine es una diversión? ¿un espectáculo cultural? ¿una forma de arte? Explica tu respuesta.

y ahora
GANADORA DE 8 PREMIOS OSCAR
Mejor película
Mejor guión
Mejor director
Mejor actor
Mejor sonido
Mejor dirección artística
Mejor maquillaje
Mejor vestuario
Una de las películas más premiadas de la historia

AMADEUS

La Vida de Mozart... La Vida de un Genio

Como película, lo más cercano a la perfección.

HOY
Mayores 14 años

REX I
CONT. 10:45 HRS. $ 200

LAS LILAS
16:30 19:45 $ 250

ACTIVIDAD | 2

¿Quieres saber si eres aficionado al cine? ¿Sufres de cinemanía?
Indica las razones por las cuales tú has ido al cine.

	Es seguro.	Es probable.	Es dudoso.
1. Me ha gustado el tema de la película.	☐	☐	☐
2. Me han atraído los actores principales.	☐	☐	☐
3. La crítica de la prensa ha sido excelente.	☐	☐	☐
4. El director de la película ha sido una persona genial.	☐	☐	☐
5. Mis amigos me han recomendado la película.	☐	☐	☐
6. La película ha tenido éxito en otras ciudades.	☐	☐	☐

ACTIVIDAD | 3

En cada grupo escoge la palabra que **no** conviene.

1. policíaca, cómica, dramática, vestuario
2. escenario, decorado, sonido, productor
3. vaqueros, extranjera, traducida, doblada
4. actor, palco, actriz, director
5. entrada, acomodador, boleto, taquilla
6. camiseta, pantalón, chistoso, corbata
7. listo, criado, electricista, limpiabotas
8. inteligente, educado, dueño, refinado

ACTIVIDAD | 4

Escoge un actor o una actriz cómico(a) que es muy conocido(a) o popular. Responde a las siguientes preguntas sobre la persona que has escogido.

1. ¿Ha hecho los papeles de personajes ficticios o reales? ¿Cuáles?
2. ¿Cómo se ha vestido este personaje? Describe la ropa que ha llevado en ciertas actuaciones (*roles*).
3. ¿Ha filmado películas? ¿Cuáles? ¿Se ha presentado en programas de televisión? ¿Cuáles?
4. ¿Qué te ha gustado más? ¿el monólogo? ¿las pantomimas? ¿la voz cómica? ¿los chistes? ¿el sentido de humor?

Usa tu imaginación

Escríbele una carta a un(a) amigo(a) contándole (*telling*) sobre una película que has visto recientemente. ¿Debe tu amigo(a) ir a ver la película? ¿Por qué? ¿Por qué no?

Preparación para la lectura

Las palabras siguientes están en el texto que vas a leer. Nota el significado de estas palabras.

un paraguas

Un **paraguas** es una cosa para protegerse de la lluvia.

Es importante tener un **paraguas** cuando llueve.

el hombro

El **hombro** es la parte del cuerpo que está arriba del brazo (*arm*).

Ese joven tiene **hombros** fuertes.

una pata

Una **pata** es el pie de un animal.

Un perro tiene cuatro **patas**.

un centavo

Un **centavo** es la centésima (*one-hundredth*) parte de una moneda.

El **centavo** de un dólar se llama un «penny».

una boda

Una **boda** es el evento y la celebración de un matrimonio.

La **boda** de Rosita y Paco será muy elegante.

17 ¡Supersticiones!

Estructura: el futuro

¿Qué supersticiones tiene un hispanohablante? ¿Qué supersticiones tienes tú? Algunas supersticiones son universales, otras son propias de ciertos países. Veremos el significado que los siguientes eventos tendrán para un hispano.

Supersticiones de mala suerte

- Abrir un paraguas dentro de la casa.

  Significa que tendrás una disputa° con alguien.   argument

- Derramar° sal.   To spill

  ¡Qué mala suerte tendrás! Tira° un poquito de sal tres veces   Throw
  por el hombro izquierdo y evitarás° desgracias.   you will avoid

- Casarse° en martes trece.   To get married

  Significa que los novios no tendrán suerte en su matrimonio.

- Romper° un espejo.   To break

  ¡Qué mala suerte vendrá! Rápido echa agua en forma de
  cruz° sobre el espejo roto. Evitarás siete años de mala   cross
  suerte.

- Levantarse con el pie izquierdo.

  ¡Cuidado! Sé prudente°. No tendrás suerte ese día.   Be careful

Supersticiones de buena suerte

- Ver una estrella errante°.

  Rápido, pide tres deseos°. Tus deseos se harán° realidad.

  <small>falling star</small>
  <small>wishes; will become</small>

- Tener una pata de conejo.

  ¡Qué buena suerte tendrás! Claro, el conejo fue el que° tuvo la mala suerte.

  <small>the one</small>

- Hallar° un centavo en la calle.

  Recibirás dinero muy pronto. Quizás, serás rico.

  <small>To find</small>

- Recibir el ramo° de la novia°.

  Significa que te casarás pronto.

  <small>bouquet; bride</small>

- Llover° el día de la boda.

  Los novios recibirán todo en abundancia. ¡Qué suerte!

  <small>To rain</small>

¡Y tú, eres supersticioso(a)?

¿Comprendiste tú?

Indica la suerte que estas personas tendrán.

Buena Suerte	Mala Suerte	
☐	☐	1. Maribel abre el paraguas dentro de la casa.
☐	☐	2. Pepe tira sal sobre el hombro izquierdo.
☐	☐	3. Juan y Gloria se casarán el martes trece.
☐	☐	4. Pepe derrama sal en la mesa.

Buena Suerte	Mala Suerte	
☐	☐	5. Augusto está de mal humor. Hoy se levantó con el pie izquierdo.
☐	☐	6. Lucía echa agua sobre el espejito roto.
☐	☐	7. Lucía rompe un espejito.
☐	☐	8. Los niños ven una estrella errante.
☐	☐	9. Ramiro recibe una pata de conejo para su cumpleaños.
☐	☐	10. Llueve mucho y los novios están contentos.
☐	☐	11. Susana recibe el ramo de la novia.
☐	☐	12. Miguel halla un centavo en la calle.

ACTIVIDAD | 1

En los países hispanos hay personas que tienen la reputación de poder predecir (*predict*) el futuro. Para saber la profesión de esas personas llena los espacios numerados con las palabras que corresponden a las definiciones.

1. el pie de un animal: __ ☐ __ __

2. lo contrario de izquierda: ☐ __ __ __ __ __ __

3. una mujer que va a casarse: __ __ __ ☐ __

4. una moneda que vale poco: __ __ __ __ __ ☐ __

5. sinónimo para gran cantidad: __ __ __ __ __ __ __ __ ☐ __

6. otra palabra para boda: __ __ __ __ __ __ __ ☐ __ __

7. las flores de la novia: __ ☐ __ __

```
—— —— —— —— —— —— ——
 1   2   3   4   5   6   7
```

ACTIVIDAD | 2

Aquí están unas opiniones. Di si estás de acuerdo o estás en desacuerdo con estas opiniones. Explica tus razones.

1. Las mujeres son más supersticiosas que los hombres.
2. Ciertas personas pueden predecir el futuro.
3. Es inútil formarse una visión del futuro porque el destino cambia todo.
4. Los azares (*chances*) de la vida determinan nuestro destino.
5. Hay muchas personas que nacen con buena suerte.
6. El martes 13 es un día de mala suerte.
7. El viernes 13 es un día de mala suerte.

Aumenta tu vocabulario

Palabras derivadas de la palabra *ver*

la vista	*view, sight* *eyesight*	De mi cuarto la **vista** es bella. Roberto tiene una **vista** buena.
la visibilidad	*visibility*	La **visibilidad** no es muy buena porque hace mal tiempo.
una visión	*perception*	Juan tiene una **visión** excelente del futuro.
un vistazo	*a glance*	Me gusta dar un **vistazo** a los eventos científicos.
verse	*to see* (*visit*) *each other*	Los dos amigos **se ven** dos veces al año.
	to find oneself	La pobre señora **se ve** en mala situación económica.
	to meet	Jorge y Ana **se ven** en el parque.

Expresiones:

¡Hasta la vista!	*See you later!*
¡Ya veo!	*I realize that!*
¡A ver!	*Let's see!*
¡Vamos a ver!	*Let's hope! Let's see!*

ACTIVIDAD | 3

Cambia los infinitivos al tiempo futuro.

1. Desde esa montaña los turistas (ver) _____ un panorama extraordinario.

2. El paciente (ver) _____ todas las letras porque tiene una vista perfecta.

3. Si estudio mucho yo (ver) _____ los frutos de mi trabajo.

4. Nosotros (verse) _____ con sus tíos en Barcelona en abril.

5. El próximo verano las dos amigas (verse) _____ en la playa.

6. Por favor, ahorra (*save*) tu dinero o tú (verse) _____ en mala situación.

Usa tu imaginación

Según tú, ¿son los norteamericanos supersticiosos? Explica ciertas supersticiones comunes en los Estados Unidos. Di si tú crees en esas supersticiones. Defiende tu opinión.

Preparación para la lectura

Estas palabras están en el texto que vas a leer. Nota el significado de estas palabras.

el porvenir

> El **porvenir** significa el futuro.
>
> Estudia mucho y tendrá un buen **porvenir.**

un presagio

> Un **presagio** es una señal que indica algo que pasará en el futuro.
>
> Hay **presagios** buenos y hay **presagios** malos.

un disgusto

> Un **disgusto** es una disputa o un desacuerdo.
>
> Juan tendrá un **disgusto** con Francisco.

un elogio

> Un **elogio** es un comentario bueno.
>
> Mercedes recibirá muchos **elogios** durante la ceremonia de los premios (*prizes*).

un sueño

> Un **sueño** es una fantasía de eventos que ocurre cuando una persona duerme.
>
> ¡Qué fabuloso **sueño** acabo de soñar!

¡ojo!

> ¡**Ojo!** es una exclamación que significa tener cuidado.
>
> ¡**Ojo!** Este es un cuchillo afilado (*sharp*).

¡Tu porvenir!

Estructura: el futuro; varios tiempos

Deseas saber lo que el porvenir te traerá pero no tienes una bola de cristal y quizás no crees en el horóscopo del periódico. ¡No te desilusiones°! Hay otra manera de predecir el porvenir: el análisis de los sueños. Aquí leerás como interpretarlos:

despair

En tus sueños tú...	Significa que:
ves un sol muy brillante.	¡Es un buen presagio! Harás un viaje muy largo. Quizás irás a un país extranjero.
ves un carro.	¡Ojo! No harás un viaje en carro. Esto significa que deberás ser muy prudente.
ves un huevo.	Es un presagio de buena suerte. Un día de estos serás muy rico. Pero cuidado...si se rompe el huevo perderás tu fortuna.

En tus sueños tú...	Significa que:	
ves un gato.	¡Cuidado! Tendrás problemas serios con personas que tú quieres mucho.	
ves flores.	Tendrás mucha suerte en tu vida romántica y quizás conocerás al príncipe azul (o a la princesa de tus sueños) muy pronto. Te casarás joven.	
ganas un premio.	Esto no significa que estarás contento. Al contrario, significa que tendrás problemas de dinero.	
comes pan.	Continuarás siendo una persona muy saludable°.	healthy
ves fuego°.	Tendrás unos pequeños disgustos con gente que conoces bien: tu compañero de clase, tus hermanos, o tal vez° tus vecinos.	fire / perhaps
ves un elefante.	Tendrás muchísimos amigos y una vida muy buena. Tendrás una profesión muy interesante y recibirás elogios por ser listo° y por tener espíritu° de iniciativa.	smart / spirit
ves un violín.	Conocerás a nuevos amigos con quienes te divertirás mucho.	

¿Comprendiste tú?

Ahora lee los sueños de las personas siguientes y ayúdales a predecir su porvenir.

1. Carmelita
   Yo tuve un sueño muy extraño°. Estaba sola en el jardín de una casa muy grande y estaba rodeada° de flores muy bellas.

   curious
   surrounded

2. Ricardo
   Soñé que participaba en un debate literario y que yo era el ganador del primer premio.

3. Lola

   ¡Qué sueño más lindo! Hacía frío y nevaba. Mis amigas y yo estábamos sentadas enfrente de la chimenea° viendo el fuego y comiendo un pan delicioso. — fireplace

4. Felipe

   En mi sueño, yo estaba en el circo y yo era el domador° de los elefantes. Todo el público me aplaudía. — trainer

5. Mari-Cruz

   Yo soñé que estaba en la playa. El sol brillaba y había una brisa° ligera. ¡Qué día más perfecto! — breeze

6. Alfredo

   Soñé que estaba en un restaurante de lujo° con Elena. Escuchábamos música y de repente° vimos en un rincón° a un joven que tocaba el violín mientras nosotros comíamos un sándwich delicioso. — very elegant / suddenly; corner

Aumenta tu vocabulario

A. El sueño

dormir	to sleep	El niño **duerme** ocho horas.
dormirse	to fall asleep	**Me duermo** después de una buena comida.
adormecerse	to doze	Cuando una persona **se adormece** no está completamente dormida.
soñar (con)	to dream (about)	Raúl **sueña con** ser millonario.
tener sueño	to be sleepy	Cuando **tengo sueño** duermo bien.
una pesadilla	nightmare	Una **pesadilla** es un sueño muy desagradable.
un dormitorio	bedroom, dormitory	Dos sinónimos de **dormitorio** son la alcoba y el cuarto de dormir. El **dormitorio** es también la residencia de los estudiantes universitarios.

B. El dormitorio

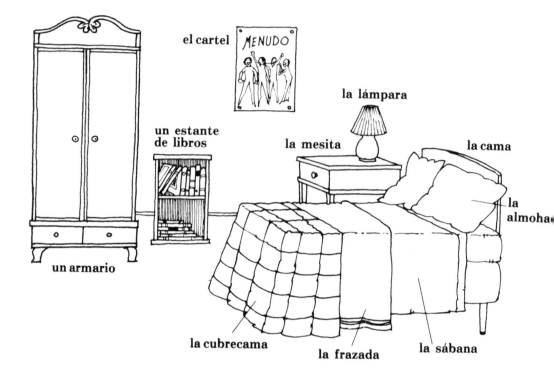

el cartel

la lámpara

un estante
de libros

la mesita

la cama

la almohada

un armario

la cubrecama

la frazada

la sábana

ACTIVIDAD | 1

Completa las frases siguientes con las palabras de la lista.

a. duermo
e. frazadas
i. sueño

b. pesadilla
f. soñar
j. armario

c. cartel
g. dormitorio
k. estante

d. cubrecama
h. mesita
l. almohada

___ 1. Cuando duermo me gusta poner la cabeza en la. . .

___ 2. Si tengo frío pongo dos. . .en mi cama.

___ 3. Mi hermano vivirá en el. . .de la universidad.

___ 4. Por lo general, a las diez de la noche tengo mucho. . .

___ 5. En mi cuarto pondré un. . .del grupo musical «Menudo».

___ 6. En ese. . .nuevo meteré todas mis camisas y suéteres.

___ 7. ¡Qué mal sueño! Fue una verdadera. . .

___ 8. En el cuarto de Luisa, la. . .y las cortinas son del mismo color.

___ 9. Cuando veo una película aburrida me. . .

___ 10. Mi lámpara está en la. . .de la izquierda.

ACTIVIDAD | 2

¡Tu sueño llega a ser realidad! Ganas un premio fabuloso–un viaje a España por un mes. En un párrafo de 8 a 10 líneas, di lo que harás. Usa los elementos de las columnas A y B. Usa el futuro.

Modelo: *Viajaré en avión de Nueva York a Madrid.*

A	B
viajar	un tren
visitar	un museo
sacar fotos	una catedral
admirar	unos regalos
comprar	unos zapatos
hacer	unas cartas
escribir	el español
estudiar	un avión
ver	una corrida
asistir	un palacio
	un concierto
	una excursión
	una tarjeta postal
	una guitarra

Usa tu imaginación

1. Cuenta un sueño reciente.
2. Cuenta una pesadilla.
3. Interpreta un sueño o pesadilla reciente.

Preparación para la lectura

Las palabras siguientes están en el texto que vas a leer. Nota el significado de estas palabras.

un billete entero

> Un **billete entero** es el billete completo de lotería que tiene diez décimos.
>
> Me gustaría comprar un **billete entero**.

un décimo de lotería

> Un **décimo de lotería** es una de las diez partes iguales en que se divide un billete completo de lotería.
>
> Rosaura compra un **décimo** cada mes.

un(a) lotero(a)

> Un **lotero** o una **lotera** es la persona que vende billetes enteros o décimos de lotería.
>
> El **lotero** se gana la vida vendiendo billetes de lotería.

el gordo

> El **gordo** es el premio mayor de la lotería pública. En muchos países hispanos hay un gordo para la Semana Santa (*Holy Week before Easter*), para la Navidad (*Christmas*) y para el Día de los Reyes Magos (*The Feast of the Three Kings—January 6*).
>
> Muchos sueñan con ganarse el **gordo** de la lotería.

la lotería nacional

> La **lotería nacional** es un juego público que existe en casi cada nación hispana. El dinero de la lotería ayuda a las instituciones públicas de caridad.
>
> Cada jueves hay un juego de **lotería nacional**.

¿Jugarías tú a la lotería?

Estructura: el condicional de verbos regulares e irregulares

¿Te gustaría ser millonario de la noche a la mañana? Al escuchar esta pregunta, todo el mundo contestaría ¡Claro que sí! Pero... ¿cómo podrías ser millonario? Tu tendrías que comprarte un billete entero o por lo menos un décimo de lotería y...jugar la suerte. Casi cada semana podrías comprarle al lotero una lotería y con mucha suerte podrías llegar a ser una persona rica instantáneamente.

Vamos a preguntarles a unos jóvenes españoles si ellos jugarían a la lotería.

Adela Robles

¡Sí! Yo jugaría a la lotería. No compraría un billete entero porque es muy caro. Definitivamente compraría un décimo. Cuesta una décima parte. Los números que me traen suerte son el trece, el veinte y ocho, el siete y el cero. Me gustaría poder comprar un billete entero para el sorteo de Navidad.

José Rivas

Quiero probar mi suerte solamente durante los días de fiestas. El premio de Navidad es verdaderamente extraordinario. ¡Jugaría! Y...si yo ganara° esos millones, ¡ya no trabajaría! Descansaría -¡a vivir la buena vida!

were to win

Julio Sánchez

Me encanta jugar a la lotería. ¿Por qué? Porque hay sorteos casi cada semana. Además, aquí en España es una costumbre. La lotería es una tradición. Y si gano el premio, ¿qué haría? Haría un viaje alrededor del mundo. Me compraría un piso° en el centro de Madrid. Quiero ser dentista y con el dinero abriría un consultorio° dental muy moderno.

apartment

professional office

Rodolfo Fernández

Me gusta la lotería. Pero... yo no jugaría a la lotería semanalmente°. Solamente jugaría al Sorteo del Niño—el Día de los Reyes Magos. Es el sorteo que tiene «el gordo», el premio más grande de la lotería, y es una vez al año. Y si me ganara el gordo, viajaría, compraría una computadora, ropa, un coche nuevo y guardaría° el resto del dinero en el banco para el día de mañana°.

weekly

I would keep

future

Teresa Parrales

Sería un sueño ganar la lotería. Jugaría a la lotería todos los sorteos con un décimo. Y para los grandes sorteos compraría un billete entero. ¿Es un vicio°? ¡No! En España, el dinero de la lotería ayuda a las instituciones de huérfanos° y a los hospitales. La lotería nacional hace muchas obras caritativas°. Además, yo podría convertirme en millonaria... de la noche a la mañana.

vice

orphans

charitable

FIESTAS NAVIDEÑAS
TRADICIÓN MEXICANA
Como la Lotería Nacional
que sortea millones de pesos en sus sorteos magnos

calendario de sorteos

¿Comprendiste tú?

En el texto que has leído se han expresado ciertas opiniones. Di si estás de acuerdo o si estás en desacuerdo con las siguientes informaciones.

De acuerdo   **En desacuerdo**

De acuerdo	En desacuerdo	
☐	☐	1. La lotería es una manera de hacerse rico.
☐	☐	2. Hay sorteos de lotería todos los días.
☐	☐	3. Un billete entero es más barato que un décimo.
☐	☐	4. Para ciertas personas como Adela Robles, ciertos números traen más suerte que otros.
☐	☐	5. El premio de Navidad es de millones.
☐	☐	6. En España jugar a la lotería es una costumbre.
☐	☐	7. Todo el mundo quiere ganar la lotería para no tener que trabajar más.
☐	☐	8. En España, «el gordo» es un premio mayor.
☐	☐	9. Los jóvenes opinan que la lotería es un vicio.
☐	☐	10. El dinero de la lotería está destinado para la ayuda pública.

ACTIVIDAD | 1

Analiza las situaciones siguientes. ¿Qué harías tú en cada situación?
Completa con la respuesta a, b o c. Usa tu lógica. Las preferencias
son importantes para ti.

1. Mañana hay un examen de matemáticas.
   a. Miraría la televisión.
   b. Estudiaría mucho.
   c. Dormiría.

2. Ganas veinte mil dólares en la lotería.
   a. Iría a Las Vegas a probar mi suerte otra vez.
   b. Compraría un coche.
   c. Depositaría todo el dinero en el banco.

3. Ves llamas (*flames*) que salen de una casa.
   a. Correría del lugar.
   b. Sacaría una foto para el periódico.
   c. Llamaría a los bomberos (*firefighters*).

4. Es un día festivo y no tienes que trabajar.
   a. Iría al cine.
   b. Leería una novela.
   c. Saldría con mis amigos.

5. Esta semana hay unas ventas (*sales*) especiales en
   una gran tienda de ropa.
   a. Me gastaría todos mis ahorros (*savings*).
   b. Me compraría algo que necesito.
   c. Esperaría otras ventas mejores.

6. Ves a un artista de cine famosísimo.
   a. Le pediría un autógrafo.
   b. Le felicitaría por su buen trabajo.
   c. Le admiraría desde lejos.

7. Te vas de vacaciones a Europa dentro de dos días.
   a. Empezaría a hacer la maleta.
   b. Haría una lista de las direcciones de mis amigos.
   c. Visitaría a mis amigos una vez más.

ACTIVIDAD | 2

Conduce una encuesta en la clase con las preguntas de la Actividad 1.
¿Cuántas respuestas dieron sus compañeros para cada número? Con
esta información di qué haría la mayoría (*majority*) de la clase en cada
situación.

ACTIVIDAD | 3

Contesta las siguientes preguntas:

1. ¿Piensas que la gente debería gastar su dinero en
   la lotería? ¿Por qué? ¿Por qué no?
2. Da tres razones para jugar a la lotería, y para no jugar.

Aumenta tu vocabulario

Los países hispanos y sus unidades monetarias.

la Argentina	el austral
Bolivia	el peso
Colombia	el peso
Costa Rica	el colón
Cuba	el peso
Chile	el peso
la República Dominicana	el peso
el Ecuador	el sucre
España	la peseta
Guatemala	el quetzal
Honduras	el lempira
México	el peso
Nicaragua	el córdoba
Panamá	el balboa
el Paraguay	el guaraní
el Perú	el inti
Puerto Rico	el dólar
el Salvador	el colón
el Uruguay	el peso
Venezuela	el bolívar

¿Notas que el peso es la unidad monetaria de varios países hispanos? ¡Tienes razón! Todos los pesos no son iguales. Cada peso tiene un valor diferente. ¡Depende del país!

ACTIVIDAD | 4

Imagínate que trabajas para una casa de cambio (*money exchange office*) en un aeropuerto internacional latinoamericano. Estos pasajeros necesitan la moneda del país adonde van. ¿Qué clase de moneda tendrían que traer? Usa el condicional.

Modelo: Alberto va al Ecuador.
Tendría que traer sucres.

1. El Sr. Pérez viaja a Honduras.
2. El doctor Roca va a Buenos Aires.
3. La Srta. Olmeda viaja a Panamá.
4. Juan Vázquez va a España.
5. Estos turistas van a Lima.
6. Los jóvenes viajan a Venezuela.
7. Los estudiantes van a Chile.
8. La Sra. Montes viaja a México.
9. Alfonso va a Guatemala.
10. La ingeniera Ramos va a Costa Rica.

Usa tu imaginación

Describe cinco cosas que harías tú con el dinero si te ganaras (*you were to win*) la lotería. Usa el condicional.

Preparación para la lectura

Las palabras siguientes están en el texto que vas a leer. Nota el significado de estas palabras.

un grafólogo

> Un **grafólogo** es una persona que se especializa en el análisis de la escritura (*handwriting*).
>
> En ciertos casos la policía utiliza los servicios de un **grafólogo**.

analizar

> **Analizar** es examinar, estudiar o hacer un análisis de algo.
>
> El grafólogo **analiza** la escritura de una persona.

el modo

> El **modo** es la disposición de una persona o su manera de ser.
>
> El joven tiene problemas y por eso está de mal **modo**.

la grafología

> La **grafología** es el arte de reconocer el carácter de una persona a través de su escritura.
>
> A muchas personas les interesa la **grafología**.

apurado(a)

> Una persona **apurada** es una persona que tiene prisa (*is rushed*).
>
> Rodrigo siempre está **apurado** cuando escribe.

20 | Tu escritura y tu personalidad

Estructura: el presente del subjuntivo

¿Es posible que tu manera de escribir revele ciertos rasgos° de   characteristics
tu personalidad? Según los grafólogos tu escritura revela
mucho. Con una pequeña frase que tú escribas, el grafólogo
puede analizar qué clase de persona eres. Con un párrafo que tú
escribas, el grafólogo puede decirte más sobre ti.

   ¿Por qué? Porque cualquier cambio de escritura dentro de
un párrafo puede denotar no solamente tus características
personales sino también tu modo: felicidad, tristeza, preocupación, cansancio, enojo, etc. Sin ser un experto en grafología es
posible que tú también puedas analizar la escritura de tus
amigos o conocidos°. Simplemente sigue las indicaciones.   acquaintances

Si la escritura es vertical

¡Saludos amigo!

Es posible que esta persona sea
intelectual, que analice todo y
que sea un poco solitaria.

Si la escritura se inclina a
   la izquierda

¡Saludos amigos!

Es probable que esta persona
sea cariñosa pero también que
sea reservada. Es dudoso que
esta persona revele sus secretos
a otros.

Si la escritura se inclina a
   la derecha

¡Saludos amigo!

Es posible que esta persona sea
sensible, generosa y honesta.
Quizás esta persona aprecie más
la amistad que el dinero.

Si en la escritura las letras
están conectadas

¡Saludos amigo!

Es probable que esta sea la
escritura de una persona
prudente y práctica. Es dudoso
que la escritura sea de una
persona impulsiva.

Si en la escritura las letras
están desconectadas

¡ Saludos amigo!

Es posible que sea la escritura de
una persona impaciente o
apurada.

Si la escritura es de
tamaño° normal

¡ Saludos amigo!

Es dudoso que esta persona
tome riesgos°. Su escritura
denota que es una persona lógica
y convencional. Quizás sea una
persona muy inteligente.

size; risks

Si la escritura es de
tamano pequeño

¡ Saludos amigo!

Quizás sea la escritura de una
persona reservada y muy
inteligente. Es probable que esta
persona no confíe en sí mismo y
necesite más aserción.

Si la escritura es de
tamaño grande

¡ Saludos amigo!

Es posible que la escritura sea de
una persona entusiasta,
generosa y muy creativa. Pero,
¡con cuidado! puede ser que esta
persona sea extravagante.

Ahora presta atención, y recuerda que es posible que una
persona se haga una opinión de ti al mirar tu escritura.

¿Comprendiste tú?

Completa las siguientes definiciones con las palabras del texto que leíste. Después mete las letras numeradas en los espacios en blanco correspondientes.

1. Una persona experta en la escritura es un __ __ __ __ __ __ __ __ __
                           2   3

2. Un grupo de frases forman un __ __ __ __ __ __ __
                         6   8

3. Lo contrario de felicidad es __ __ __ __ __ __ __ __
                   4   7

4. Lo contrario de izquierda es __ __ __ __ __ __ __
                   1   10

5. La ciencia de los expertos en escritura es la

  __ __ __ __ __ __ __ __ __
  5   9

    El arte de escribir con hermosa letra es la

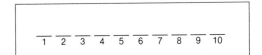

ACTIVIDAD | 1

Imagina que tú analizaste la escritura de cuatro grupos de estudiantes en tu clase. Empareja el modo de la persona con tu análisis en *cada grupo.*

Modo	Análisis
1. prudente	a. Es probable que analice todo.
cariñoso	b. Es posible que tenga mucho cuidado.
práctico	c. Es normal que aprecie a sus amigos.
2. impulsivo	a. Es dudoso que sea entusiasta.
convencional	b. Es posible que hable sin pensar.
reservado	c. Es probable que haga lo tradicional.
3. impaciente	a. Es probable que ayude a otros.
lógico	b. Es dudoso que espere una hora.
generoso	c. Es importante que sea organizado.
4. honesto	a. Es natural que sea cortés.
apurado	b. Es normal que no tenga tiempo.
sensible	c. Es bueno que diga la verdad.

Aumenta tu vocabulario

La mano

Derivaciones

Un gran número de palabras españolas y de palabras inglesas son derivadas de la palabra **mano**. (**Mano** viene de la palabra latina *manus.*)

manual	*manual*
manufacturar	*manufacture*
el manuscrito	*manuscript*
el manicure	*manicure*
manipular	*manipulate*
mantener	*maintain*
(hecho) a mano	*hand (made)*

Este brazo siempre te echará una mano

Hazte socio de Cruz Roja

MMLB

Expresiones

La palabra **mano** se utiliza en muchas expresiones.

echar(le) una mano = ayudar
tener buena mano = tener éxito con algo
abrir la mano = ser generoso
ser la mano derecha = ser indispensable
atarse las manos = no poder hacer algo
meter mano = tomar algo
tener a mano = tener algo disponible (*available*)
hacerse de pies y manos = multiplicar los esfuerzos
arriba las manos = levantar las manos

ACTIVIDAD | 2

Completa las frases siguientes con la palabra de la sección **Aumenta tu vocabulario** a que mejor corresponde.

1. Roberto pinta casas. Él hace un trabajo _____.
2. El señor Soto es un profesor de Historia Medieval.
   Siempre va a la biblioteca a leer _____ antiguos.
3. El papá de Julián trabaja para una compañía que _____
   ropa de niños.
4. Nuestra familia siempre va a _____ las tradiciones hispanas.
5. La señora quiere tener manos bellas. Por eso ella recibe
   un _____ cada semana.
6. Los trabajadores _____ las máquinas.

ACTIVIDAD | 3

Analiza las situaciones siguientes. Completa las frases con una de las expresiones de la sección **Aumenta tu vocabulario**. Haz las transformaciones necesarias.

Situación 1

Dos policías entran en el banco donde están dos bandidos. Los policías les dicen: «¡_____!»

Situación 2

Pedro quiere reparar su auto. Su amigo José es un mecánico excelente, por eso Pedro le pregunta a José: «¿Puedes _____?»

Situación 3

El Sr. Romo es el dueño de una fábrica (*factory*). Él se va de vacaciones por dos meses a Europa. Por esta razón, él llama a Luis Talma, un empleado responsable y le dice: «Luis, tú vas a ser la persona a cargo (*in charge*) de esta fábrica durante mi ausencia (*absence*). Tú sabes muy bien que tú eres _____ en este negocio.»

Situación 4

Anita, mira todas las plantas bonitas que tiene Guadalupe. Esa chica tiene _____ para el jardín.

Aumenta tu vocabulario

Para el escritorio

un borrador	*eraser*	una grapa	*staple*
un engrapador	*stapler*	un sacapuntas	*pencil sharpener*
la goma	*glue*	un sujetapapeles	*paper clip*

ACTIVIDAD | 4

Estas personas necesitan ciertos artículos de escritorio. Adivina (*guess*) que necesitan. Completa las frases usando el vocabulario nuevo.

> **Modelo:** Juan hace un error al escribir.
> Es posible que Juan . . . *necesite un borrador.*

1. El engrapador de la señorita Ríos no funciona.
   Es posible que el engrapador . . .
2. El lápiz de Miguel no escribe porque no tiene punta (*tip*).
   Es posible que Miguel . . .
3. Luisa quiere sujetar (*keep together*) unos papeles.
   Es posible que Luisa . . .
4. Eduardo y Enrique quieren cerrar unas cartas.
   Es posible que ellos . . .

Usa tu imaginación

Tú vas a solicitar un empleo. La secretaria te da una solicitud (*application*) en blanco. Pregúntale si es posible que tú hagas las siguientes cosas.

¿Es posible que yo . . . ?

1. escribir a mano (*by hand*) la solicitud
2. llevar la solicitud a casa
3. mandar la solicitud por correo en dos días
4. devolver (*to return*) la solicitud personalmente a la oficina
5. hablar con el jefe de la compañía personalmente

Las respuestas correctas

Lectura 1

¿Comprendiste tú?

1. F   2. C   3. F   4. C   5. C   6. F

Actividad 2

1. nombre/apellido   2. ciudadanas   3. pasaporte   4. domicilio
5. edad   6. licencia   7. tarjeta de identidad   8. profesión

Lectura 2

¿Comprendiste tú?

Actividad 1

1. quinto   2. tercer   3. sexto   4. octavo   5. noveno   6. cuarto
7. décimo   8. séptimo   9. primer

Actividad 2

Primero (Me levanto a las siete de la mañana.)
Segundo (Voy al colegio, tengo clases.)
Tercero (Almuerzo con Rodrigo en la cafetería.)
Cuarto (Salgo del colegio a las dos.)
Quinto (Llamo a mi primo Marcos.)
Sexto (Voy al supermercado con Marcos.)
Séptimo (Compro la comida para la fiesta.)
Octavo (Preparo la comida.)
Noveno (Pongo la mesa.)
Décimo (Sirvo la comida.)

Actividad 3

1. rectangular 2. ovalada 3. circular 4. ovalado 5. circular
6. cuadrada (Answers will vary for 7, 8, 9, and 10.)

Lectura 3

Actividad 1

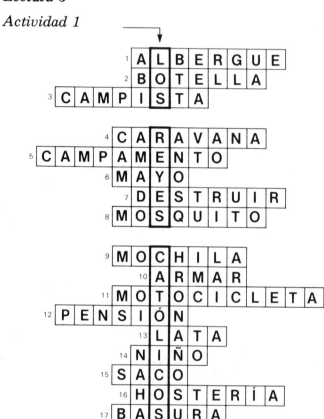

Lectura 4

¿Comprendiste tú?

1. c 2. a 3. a 4. c 5. c 6. b 7. a

Actividad 1

1. i 2. j 3. h 4. c 5. b 6. a 7. e

Actividad 2

1. los brazos/las piernas 2. los pies 3. la mano 4. los
ojos 5. los brazos/las piernas 6. las piernas/los brazos/el cuerpo

Actividad 3

1. Voy a correr el maratón de Boston en abril.
2. Estoy en buena condición física.
3. Tengo un problema después de correr veinte millas.
4. Me duelen muchísimo los pies y las piernas.
5. ¿Puedes recomendarme unos mejores zapatos?

Actividad 4

1. por 2. para 3. para 4. para 5. por 6. por,
para 7. para 8. por, para 9. por 10. por, por.

Lectura 5

Actividad 2

1. inquieto 2. pesimista 3. furioso 4. inflexible
NO HAY ROSAS SIN ESPINAS

Lectura 6

¿Comprendiste tú?

1. c 2. a 3. c 4. a 5. a

Actividad 2

1. zafiro 2. ámbar 3. Santo Domingo 4. esmeralda 5. reloj
6. alhajas 7. sortija 8. pendientes 9. rubí 10. junio
11. collar 12. Dinamarca 13. topacio 14. Alaska 15. dije

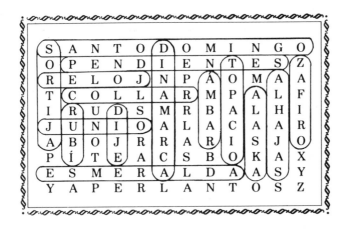

Actividad 3

1. sabe 2. conocer 3. Sabes 4. conocen 5. sé, conoce, sabe

Lectura 7

Actividad 1

1. c 2. c 3. a 4. b 5. a

Actividad 2

1. abrelatas 2. taza 3. aguacate 4. horno 5. tomate
6. plato 7. pelador 8. guacamole

Lectura 8

¿Comprendiste tú?

1. c 2. c 3. a 4. b 5. a 6. c

Actividad 1

1. piloto 2. coche 3. cola 4. maleta 5. alquilar 6. agente

Actividad 2

Destino: BOGOTÁ, Comida: ALMUERZO, Clase: TURISTA,
Billete: IDA Y VUELTA, Equipaje: TRES MALETAS

Lectura 9

¿Comprendiste tú?

1. c 2. b 3. b 4. b 5. c 6. b

Actividad 1

1. e 2. i 3. l 4. g 5. a 6. k 7. b 8. c 9. j 10. d

Lectura 10

¿Comprendiste tú?

1. C 2. F 3. C 4. C 5. C 6. F 7. C 8. C 9. F 10. C
11. C 12. C 13. C 14. F 15. C

Actividad 1

1. loro 2. tortuga 3. lobo 4. gato 5. ratón 6. pato
7. conejo 8. perro

Actividad 3

1. presumido como un pavo real 2. feliz como un pez en el
agua 3. como burro 4. como un lobo

Lectura 11

Actividad 2

1. Tomás llega adelantado con una hora.   2. Carlos llega atrasada con treinta minutos y Patricia llega atrasada con una hora.
3. Llegamos atrasados con quince minutos.   4. Mis padres llegan adelantados con cuarenta y cinco minutos.

Actividad 4

1. d   2. c   3. e   4. a   5. b

Lectura 12

¿Comprendiste tú?

1. c   2. b   3. c   4. a   5. b   6. b   7. b   8. a

Actividad 1

1. una ballena   2. un delfín   3. un tiburón   4. el coral
5. el camarón

Actividad 4

1. oxígeno   2. aletas   3. perlas   4. pulpo   5. langosta
La respuesta: GALÁPAGOS

Lectura 13

¿Comprendiste tú?

1. F   2. C   3. F   4. C   5. C   6. F   7. C   8. F   9. C   10. C

Actividad 1

1. bastón   2. equipo   3. rodillera   4. pelota   5. empujar
6. deporte   7. torneo

Actividad 2

1. c   2. b   3. e   4. d   5. g   6. f

Lectura 14

¿Comprendiste tú?

1. b   2. b   3. b   4. c   5. c   6. a   7. a   8. b

Actividad 1

1. papel   2. lápiz   3. sello   4. carta

Actividad 2

1. a   2. c   3. f/g   4. f/g   5. c   6. h

Actividad 3

1. estampilla   2. aéreo   3. apartado   4. cartero   5. código postal   6. buzón   7. echa al correo   8. carta certificada

Lectura 15

¿Comprendiste tú?

1. b   2. b   3. c   4. a   5. b   6. c   7. b   8. b

Actividad 1

1. Washington   2. Simón Rodríguez   3. Madrid   4. Tomás Jefferson   5. Venezuela, el Ecuador y Colombia 6. Bolivia   7. Santa Marta   8. Colombia

Actividad 2

1. guerra   2. enemigo   3. ejército   4. soldados   5. marina 6. aérea
La respuesta: ANTONIO JOSÉ DE SUCRE

Lectura 16

¿Comprendiste tú?

1. a   2. a   3. b   4. b   5. c   6. a   7. a   8. b   9. a   10. b

Actividad 3

1. vestuario   2. productor   3. vaqueros   4. palco 5. acomodador   6. chistoso   7. listo   8. dueño

Lectura 17

¿Comprendiste tú?

1. mala suerte   2. buena suerte   3. mala suerte   4. mala suerte   5. mala suerte   6. buena suerte   7. mala suerte 8. buena suerte   9. buena suerte   10. buena suerte 11. buena suerte   12. buena suerte

Actividad 1

1. pata 2. derecha 3. novia 4. centavo 5. abundancia
6. matrimonio 7. ramo
La respuesta: ADIVINA

Actividad 3

1. verán 2. verá 3. veré 4. veremos 5. se verán 6. te verás

Lectura 18

Actividad 1

1. l 2. e 3. g 4. i 5. c 6. j 7. b 8. d 9. a 10. h

Lectura 19

¿Comprendiste tú?

1. C 2. F 3. F 4. C 5. C 6. C 7. F 8. C 9. F 10. C

Actividad 4

1. lempiras 2. australes 3. balboas 4. pesetas 5. intis
6. bolívares 7. pesos 8. pesos 9. quetzales 10. colones

Lectura 20

¿Comprendiste tú?

1. grafólogo 2. párrafo 3. tristeza 4. derecha 5. grafología
La respuesta: CALIGRAFÍA

Actividad 1

1. prudente (b); cariñoso (c); práctico (a) 2. impulsivo (b);
convencional (c); reservado (a) 3. impaciente (b); lógico (c);
generoso (a) 4. honesto (c); apurado (b); sensible (a)

Actividad 2

1. manual 2. manuscritos 3. manufactura 4. mantener
5. manicure 6. manipulan

Actividad 3

1. ¡Arriba las manos! 2. echarme una mano 3. la mano
derecha 4. buena mano

Actividad 4

1. necesite unas grapas 2. necesite un sacapuntas 3. necesite
un sujetapapeles 4. necesiten goma

Vocabulario español-inglés

This vocabulary contains all the words that appear in *Vistazos 2* except obvious cognates. Verbs are listed in the infinitive form.

a

    a   at, to
una **abeja**   bee
un **abrazo**   hug
un **abrelatas**   can opener
    abril   April
    abrir   to open
la **abuela**   grandmother
el **abuelo**   grandfather
la **abundancia**   abundance
    aburrido(a)   bored
    acabar   to finish   **acabar de + infinitive**   to have just
    acampar   to camp
el **acampar**   camping
el **aceite**   oil
    acentuado(a)   accentuated, emphasized
un **acomodador, una acomodadora**   usher
un **acontecimiento**   event
una **actitud**   attitude
una **actividad**   activity
una **actriz**   actress
una **actuación**   role
    actual   present, current
    actualmente   at present, currently
    actuar   to act
un **acuario**   aquarium
    acuerdo: de acuerdo   agreed, in agreement
    acumular   to accumulate
    adecuado(a)   adequate

    adelantado(a)   early
    adelantarse   to gain time, to be fast
    ¡adelante!   go ahead!
un **adelanto**   advancement
    además   in addition
    adivinar   to guess
    admirar   to admire
    adónde   where
    adorar   to adore
    adormecerse   to doze
    adornarse   to decorate oneself, to adorn oneself
un **adorno**   decoration
la **aduana**   customs
un **adversario, una adversaria**   opponent
    aéreo(a)   air
un **aeromozo, una aeromoza**   flight attendant
un **aeropuerto**   airport
    afectar   to affect
    afectuosamente   affectionately
    aficionado(a)   enthusiastic, keen
una **agencia**   agency   **agencia de viajes**   travel agency
un, una **agente**   agent   **agente de aduana**   customs agent   **agente de viaje**   travel agent
    ágil   agile, athletic
la **agilidad**   agility
    agosto   August
    agrícola   agricultural
    agrio(a)   bitter, sour
el **agua**   water
un **aguacate**   avocado
un **aguamarina**   aquamarine
    ahora   now
    ahorrar   to save

el **aire** air **al aire libre**
in the open air, outdoors
aislado(a) isolated
al to the, at the, when
al contar upon counting
una **ala** wing
un **alambre** wire
un **albergue** inn, hostel
un **alcalde** mayor
una **alcaldesa** woman mayor
la **alcaldía** office of mayor
alcanzar to reach
una **alcoba** bedroom
la **alegría** happiness
alemán, alemana German
alérgico(a) allergic
alerta: en alerta alert, on
the lookout
las **aletas** swim fins
un **alférez** officer
algo something
el **algodón** cotton
alguien someone
algún some, any
algunos some
una **alhaja** piece of jewelry
aliado(a) allied
un **aliado** ally
el **alimento** food
alistarse to enlist
un **almacén** shop
una **almohada** pillow
almorzar to eat lunch
un **alojamiento** accomodation,
lodging
alquilar to rent
alrededor around, surrounding
alto(a) high, tall
allí there
una **ama de casa** housewife
amable friendly
amarillo yellow
una **amatista** amethyst
el **ámbar** amber
el **ambiente** atmosphere,
surroundings
ambos(as) both

la **América del Sur** South America
la **amistad** friendship
un **amuleto** amulet
el **análisis** analysis
analizar to analyze
anaranjado(a) orange
andar to travel, to wander,
to walk
el **andén** platform
la **anexión** annexation
un **anillo** ring
un **animal** animal **animal
de carga** beast of burden
animarse to become
enthusiastic
la **anonimidad** anonymity, state
of being unknown
antes before **antes no**
not before
anticipar to anticipate
un **antídoto** antidote
antiguo(a) ancient
anunciar to announce
un **anuncio** announcement, ad
añadir to add
un **año** year **año de edad** age
un **apagón** blackout
un **aparato** device, appliance
la **apariencia** appearance
un **apartado** post office box
un **apellido** surname
un **aperitivo** appetizer
aplaudir to applaud
aplicar to apply
un **apodo** nickname
apreciar to appreciate
aprender to learn
aprobar to approve
apropiado(a) appropriate
apurado(a) rushed, hurried
acquí here **de aquí en
adelante** from now on
una **araña** spider
arbitrario(a) arbitrary
un **árbol** tree
un **archivo** archive
una **ardilla** squirrel

la	**arena** sand	
un	**arete** earring	
	armar to arm, to put up, to pitch **armar una tienda** to pitch a tent	
un	**armario** chest of drawers	
la	**armonía** harmony	
un	**aro** ring, hoop	
la	**arqueología** archaeology	
la	**arquitectura** architecture	
un	**arrecife** reef	
	arrestar to arrest	
	arriba above, up	
un	**artefacto** artifact	
las	**artes** the arts **las bellas artes** fine arts	
un	**arzobispo** Archbishop	
la	**ascendencia** descent	
un	**ascensor** elevator	
la	**ascerción** assertion	
	así thus, this (that) way, so **así, así** so, so	
un	**asiento** seat	
una	**asignatura** subject, assignment	
	asistir to attend	
	asociado(a) associated	
	asociarse to be associated	
la	**aspiración** aspiration, desire	
	astuto(a) sly, cunning	
un, una	**atacante** attacker	
	atacar to attack	
	atado(a) tied	
un	**ataque** attack	
	atar to tie	
	atentamente attentively	
el	**aterrizaje** landing	
	aterrizar to land	
un, una	**atleta** athlete	
	atlético(a) athletic	
	atraer to attract	
	atrapado(a) trapped	
	atrasado(a) late	
	atrasarse to lose time, to be slow	
	atravesar to cross	
el	**atún** tuna	

	aumentar to increase	
	aún still, yet	
	aunque even if, although	
una	**ausencia** absence	
el	**austral** *monetary unit of Argentina*	
el	**autobús** bus	
un	**autógrafo** autograph	
	automaticamente automatically	
un	**automóvil** automobile	
	automovilístico(a) automotive	
un	**avance** advancement, progress	
	aventurero(a) adventurous	
un	**avión** airplane	
una	**avispa** wasp	
la	**ayuda** assistance, help	
	ayudar to help	
el	**ayuntamiento** town hall, city hall	
una	**azafata** hostess, stewardess	
un	**azar** chance	
el	**azúcar** sugar	
	azul blue	

b

una	**bahía** bay	
	bailar to dance	
un	**baile** dance	
	bajar to lower, reduce **bajar de peso** to lose weight	
	bajo under	
	báltico(a) Baltic	
una	**ballena** whale	
la	**bandera** flag	
un	**bandido** outlaw, robber	
	bañar to bathe, to soak	
	barato(a) cheap	
la	**barbilla** chin	
un	**barco** boat, ship	
un	**barril** barrel	
	basarse to be based	
	básico(a) basic	
	bastante quite, rather	
un	**bastón** stick	
la	**basura** garbage	
una	**batalla** battle	

una **batería** battery

una **batidora** beater, mixer

batir to beat, to whip

el **béisbol** baseball

la **belleza** beauty

bello(a) beautiful

un **beneficio** benefit

beneficioso(a) beneficial

un **besito** little kiss

un **beso** kiss

el **betún** shoe polish

una **biblioteca** library

una **bicicleta** bicycle

bien good, well

los **bienes raíces** real estate

un **biftec** steak

un **bigote** moustache

bilingüe bilingual

un **billete** ticket **billete de ida y vuelta** round trip ticket

blanco white **en blanco** blank

la **boca** mouth

una **boda** wedding

un **bol** bowl

una **bola** ball (bowling ball)

el **boleo** bowling

un **boleto** ticket

un **bolígrafo** ball-point pen

una **bolsita** small bag

un **bombero, una bombera** firefighter

bonito(a) pretty

un **borrador** eraser

un **bosque** forest

una **botella** bottle

un **brazalete** bracelet

un **brazo** arm

brillar to shine

una **brisa** breeze

un **broche** pin

bucear to scuba dive

buen, (bueno, buena) good, well

un **burro** donkey

un **buscapalabras** word search puzzle

buscar to look for, search

una **butaca** theater seat

un, una **buzo** scuba diver

un **buzón** mail box

c

cabalgar to ride

un **caballo** horse

la **cabeza** head

una **cacerola** pan

cada each, every

una **cadena** chain

la **cadera** hip

caer to fall

el **café** coffee

una **cajita** small box

la **calidad** quality

la **calma** calm

calmado(a) calm

el **calor** heat

una **calle** street

una **cama** bed

un **camarero, una camarera** waiter, waitress

un **camarón** shrimp

cambiado(a) changed

cambiar to change **cambiar un cheque** to cash a check

el **cambio** change

caminar to walk

un **camino** road

una **camisa** shirt

una **camiseta** T-shirt

un **campamento** encampment, camp

la **campaña** field, countryside

un, una **campista** camper

un **campo** countryside, field **campo de las ciencias** field of science

un **canario** canary

un **candidato, una candidata** candidate

cansado(a) tired
el cansancio exhaustion
un, una cantante singer
cantar to sing
una cantidad quantity
una capa layer, cape
la capacidad capacity
capturado(a) captured
la cara face
una caravana trailer, camper
una carcajada burst of laughter
una cárcel jail
una carga cargo, load
cargo: a cargo in charge
el Caribe Caribbean
la caridad charity
el cariño love
cariñoso(a) loving
caritativo(a) charitable
el carnaval Carnival
caro(a) expensive
una carrera race
un carro car
una carta letter
un cartel poster
un cartero, una cartera mail
carrier
una cartita note, short letter
casarse to get married
casi almost, nearly
una casilla post office box
caso: en caso de in case of
una causa cause a causa de
because of
causar to cause
el cautiverio captivity
cazar to hunt
una cebolla onion
una cédula document cédula de
identidad identification card
una ceja eyebrow
una celda cell
célebre famous
una cena dinner
cenar to dine
un centavo cent
centésimo one-hundredth

un céntimo cent
el centro center, downtown
la cerámica pottery, ceramics
cerca near
cercano(a) near
un cerdo pig
una ceremonia ceremony
cero zero
cerrar to close
la certeza certainty
certificado(a) certified
el ciclismo cycling
la ciencia science ciencia-
ficción science fiction
científico scientific
ciento: por ciento percent
cientos hundreds
cierto(a) true, certain
cinco five
un cine movie theater, movie
la cinemanía movie mania
la cinematografía cinematography
cinematográfico(a) related to
movies
el circo circus
una cita date, appointment
una ciudad city
un ciudadano, una ciudadana
citizen
claro clearly, of course
¡claro que sí! of course!
claro(a) clear, light
una clase class primera
clase first class
clasificar to classify
un club bowling pin
la cocina kitchen, stove, range,
cooking
cocinar to cook
un cocinero, una cocinera
cook
un coche car
un código code código
postal zip code
el codo elbow
una cola tail
un, una coleccionista collector

un colegio school
colgar to hang (up)
colocado(a) placed
una colonia colony
la colonización colonization
un collar necklace
comando: en comando
  in command
la comedia comedy
un comedor dining room
un comentario commentary
comenzar to begin
comer to eat
el comercio commerce
cometer to commit
cómico(a) comic, funny
la comida meal, food
como like, as   ¿cómo?
  how?, what?
la comodidad comfort,
  convenience
cómodo(a) comfortable
un compañero, una compañera
  companion
una compañía company
un, una compatriota compatriot
compensar to compensate
la competencia competition
competir to compete
completamente completely
completar to complete
comprar to buy
comprender to understand
una computadora computer
común common
con with
conceder to award
un concierto concert
un conde count
una condecoración decoration,
  medal
un condimento spice,
  condiment
conducir to drive
un conductor, una conductora
  conductor, driver
conectado(a) connected

conectar to connect
un conejo rabbit
confesar to confess
la confianza confidence
confiar to confide
el confort comfort
conmigo with me
conocer to know
un conocido, una conocida
  acquaintance
conocido(a) well-known
la conquista conquest
conquistar to conquer
una consecuencia consequence
conservador(a) conservative
considerar to consider
consistir to consist
  consister en, de to consist of
la consternación concern
construir to construct
un consultorio professional
  office
contaminar to contaminate,
  pollute
contar to tell
contener to contain, to hold
el contenido contents
contento(a) content, happy
una contestación answer, reply
contestar to answer
continuar to continue
contra: en contra against
contrario(a) opposite, contrary
  al contrario on the contrary
controlar to control
convenir to be fitting, to suit
convertir to convert, to make
coordinado(a) coordinated
una copa cup, trophy   Copa
  Mundial World Cup
  Copa de Europa
  European Cup
la coraza shell
el corazón heart
una corbata necktie
cordialmente cordially
un cordón small rope, cord

la **corona** crown
un **corredor, una corredora**
    runner
el **correo** mail   **correo aéreo**
    air mail   **correo ordinario**
    surface mail
    correr to run   **correr las**
    olas to surf
el **correr** running
una **corrida** race, bullfight
    cortar to cut
    cortés polite
la **cortesía** courtesy
una **cortina** curtain
    corto(a) short
una **cosa** thing
    coser to sew
la **costa** coast
    costar to cost
una **costumbre** custom, habit
    crear to create
    creativo(a) creative
    creer to believe
la **crema** cream   **crema agria**
    sour cream
un **criado, una criada** servant
    Cristóbal Colón
    Christopher Columbus
la **crítica** criticism, review
un **cronómetro** stopwatch
un **crucigrama** crossword puzzle
un **crustáceo** marine animal
    with a hard outer shell
una **cruz** cross
    cruzar to cross
una **cuadra** block
un **cuadrado** square
    cuadrangular quadrangular
un **cuadro** painting, picture
    cual(es) which
una **cualidad** quality
    cuando when
    ¿cuándo? when?
    ¿cuánto(a)?, ¿cuántos(as)?
    how much?, how many?
    cuarenta forty
    cuarto(a) fourth

un **cuarto** room, bedroom, quarter
    cuatrocientos(as) four hundred
la **cubierta** deck
una **cubrecama** bedspread
    cubrir to cover
un **cuchillo** knife
el **cuello** neck
una **cuenta** bill
    cuenta: darse cuenta to realize
un **cuento** story
una **cuerda** cord, rope   **de cuerda**
    windup
el **cuero** leather
el **cuerpo** body
un **cuestionario** questionnaire
el **cuidado** caution, care
    ¡cuidado! watch out!
    be careful!
un **cumpleaños** birthday
    cumplir to accomplish
    curar to cure
una **curva** curve
    curvo(a) curved, bent
un **cuy** guinea pig

ch

un **chaleco** vest
una **chaqueta** jacket
    charlar to talk, to chat
una **chica** girl
un **chico** boy
los **chicos** children, kids
una **chimenea** fireplace
un **chiste** joke
    chistoso(a) funny
la **chueca** hockey-like game

d

una **dama** lady
    dar to give
    de of, from, about, in, than, with
    de aquí en adelante
    from now on   **de . . . a . . .**
    from . . . to . . ., between

debajo beneath, under, below
deber to have to, to owe, to ought to
decidido(a) determined, decided
decidir to decide
un **décimo** one tenth
décimo(a) tenth
decir to say, to tell
  es decir that is to say
  querer decir to mean
  se dice it's said
el **decorado** set
decorar to decorate
dedicado(a) dedicated
un **dedo** finger
defender to defend
la **defensa** defense
deficientemente insuf-ficiently
definitivamente definitely
dejar to leave
del from the, of the
delante in front
un **delfín** dolphin
demasiado(a) too, too much
denotar to indicate, to show
un, una **dentista** dentist
dentro within, in
un **departamento** department, district
depender to depend
un, una **dependiente** salesperson
un **deporte** sport
un, una **deportista** sportsperson
deportivo(a) sports-related
depositar to deposit
un **depósito** deposit
derecho right, straight
  todo derecho straight ahead
una **derivación** derivation
derivado(a) derived
derramar to spill
una **derrota** defeat
un **desacuerdo** disagreement
  en desacuerdo in disagree-ment

desafortunadamente unfortunately
desagradable unpleasant
desaparecer to disappear
la **desaparición** disappearance
un **desastre** disaster
descansar to rest
desconectado(a) disconnected
descontento(a) unhappy
describir to describe
un **descubrimiento** discovery
descubrir to discover
un **descuento** discount
desde from, since
desear to desire, to want, to wish
desembarcar to deplane
el **desembarque** deplaning
el **desempeño** accomplishment
el **desempleo** unemployment
desenredar to unscramble, to untangle
un **deseo** wish
una **desgracia** misfortune
desgraciadamente unfortu-nately
desilusionarse to be disillusioned
el **desorden** disorder
una **despedida** good-bye, farewell
despedirse to take leave, to say good-bye
despegar to take off
el **despegue** takeoff
despertar to wake up
despojar to strip, to deprive
después then, later, afterwards
destinado(a) designated
un **destino** destination, destiny
destructor(a) destructive
destruir to destroy
una **desventaja** disadvantage
un **detalle** detail
determinado(a) determined
determinar to determine
detrás behind
devolver to return

un **día** day **Día de los Reyes Magos** Feast of the Three Kings (January 6)

un **diálogo** dialogue

un **diamante** diamond

diariamente daily

un **diario** diary

diario(a) daily

un **dibujo** drawing **dibujos animados** cartoons

diciembre December

dicho(a) said **mejor dicho** better said, that is to say

un **diente** tooth

la **dieta** diet

diez ten **diez y seis** sixteen

difícil difficult

una **dificultad** difficulty

un **dígito** digit

digno(a) worthy

un **dije** locket, charm

Dinamarca Denmark

el **dinero** money

un **diós** god

un **disco** record

la **discriminación** discrimination

disculpar to excuse

disecado(a) stuffed

diseñar to design

un **diseño** design

disfrazarse to dress up, disguise oneself

disgustar to dislike, to annoy

un **disgusto** quarrel, argument, annoyance, anger

un **dispensario** clinic

disponible available

una **disputa** argument

distinto(a) different

una **diversión** pastime

divertirse to enjoy oneself

dividir to divide

doblado(a) dubbed

doblar to turn

doce twelve

un **documental** documentary

un **dólar** dollar

doler to hurt

un **domador, una domadora** tamer, trainer

doméstico(a) domestic

un **domicilio** residence, address

dominante dominant

donde, ¿dónde? where(?)

dorado(a) gold, golden

dormir to sleep

dormirse to fall asleep

un **dormitorio** bedroom, dormitory

dos two **las dos** two o'clock

doscientos(as) two hundred

dramático(a) dramatic

la **duda** doubt

dudoso(a) doubtful

un **dueño, una dueña** owner

durante during

durar to last

duro(a) hard

e

e and

la **economía** economy

económico(a) economical

echar to throw, to put in, to add **echar al correo** to mail **echar de menos** to miss

la **edad** age

edificar to build

un **edificio** building

educado(a) educated

un **efecto** effect **en efecto** in fact, as a matter of fact

eficaz efficient

un **ejemplo** example **por ejemplo** for example

un **ejercicio** exercise

el **ejército** army

el **the**

él **he, him**

las **elecciones** elections

la **electricidad** electricity

un,una **electricista** electrician

	eléctrico(a) electric
un	elefante elephant
un	elogio eulogy, praise
	ella she, her
	ellos they, them
	embarcar to board
	embargo: sin embargo nevertheless
el	embarque boarding
un	emblema symbol
una	emoción emotion
	emparejar to match, to pair up
un	emperador emperor
	empezar to begin
un	empleado, una empleada employee
un	empleo job
	emplumado(a) feathered
	empujar to push
	en in, at, on, of, about, into
	encantado(a) enchanted
	encantar to delight, to love
	encima on, on top
	encontrar to find
una	encuesta inquiry, poll
un	enemigo, una enemiga enemy
	energético(a) energetic
la	energía energy
	enero January
	enfermo(a) sick
un	enfermo, una enferma patient, sick person
	enfrente facing, opposite, in front
	enfurecer to infuriate
un	engrapador stapler
	enmascararse to masquerade
	enojarse to get annoyed
el	enojo annoyance
	enorme enormous
	enseñar to teach, show
	entero(a) whole
	enterrado(a) buried
	enterrar to bury
la	entrada theater ticket
	entrar to enter
	entre among, between

	entrevista interview
una	entrevista interview
	entrevistar to interview
	entusiasmado(a) enthusiastic
el	entusiasmo enthusiasm
	entusiasta enthusiastic
	enviar to send
una	época period, time
	equipado(a) equipped
el	equipaje luggage
el	equipo team, equipment
	equivaler to be equivalent, to equal
	equivocado(a) mistaken
	errante moving irregularly, straying
	escapar to escape
la	escasez scarcity, shortage
el	escenario stage
	escoger to choose
	esconder to hide
	escribir to write
	escrito(a) written
un	escritor, una escritora writer
un	escritorio desk
la	escritura handwriting
	escuchar to listen
un	escudo coat of arms
una	escuela school escuela de peces school of fish
	ese that
	esencial essential
un	esfuerzo effort
una	esmeralda emerald
	esos(as) those
el	espacio space
la	espada sword
un	espadachín swordsman
el	espagueti spaghetti
la	espalda back
	especializar to specialize
	especialmente especially
un	espectáculo spectacle, show
un	espejito small mirror
un	espejo mirror
	esperar to wait
un	espíritu spirit
un	esposo husband

un	esquí ski		expresar to express
	esquiar to ski		expresivo(a) expressive
una	esquina corner		extender to extend
	esta(s) this (these)		extenso(a) extensive
una	estación station	la	extinción extinction
un	estadio stadium	la	extracción extraction
un,una	estadista statesman		extraer to extract
una	estadística statistic		extranjero(a) foreign
un	estado state		extrañar to miss
los	Estados Unidos United States		extraño(a) strange
una	estampilla stamp		
un	estante shelf un estante de libros bookshelf		**f**
	estar to be	una	fábrica factory
una	estátua statue	la	fabricación fabrication, manufacture
	este (estes) this (these)		fabricar to manufacture, to make
un	estilo style		fabuloso(a) fabulous
	estimado(a) esteemed		fácil easy
	esto (estos) this (these)		falso(a) false
una	estrella star	la	falta lack
la	estructura structure		faltar to lack, to be missing
un,una	estudiante student	la	fama fame
	estudiar to study		famosísimo(a) very famous
	estupendo(a) marvelous		famoso(a) famous
la	etiqueta etiquette		fanático(a) fanatic
	Europa Europe	una	fantasía fantasy
	europeo(a) European	una	farmacia pharmacy, drugstore
	eventualmente eventually		fascinante fascinating
	evitar to avoid		fascinar to fascinate
	exacto(a) exact		favor: por favor please
	excavar to excavate, to dig up		a favor de in favor of
una	excursión tour, outing		favorito(a) favorite
una	excusa excuse		febrero February
el	exhilio exile	una	fecha date
	existir to exist	una	federación federation
el	éxito success	la	felicidad happiness
	expeler to expel		felicitar to congratulate
	experimentar to experience, to try out, to experiment		feliz happy
			felizmente happily
un	experto, una experta expert		festivo(a) festive
	explicar to explain		ficticio(a) fictitious, imaginary
la	exploración exploration		fiero(a) fierce
	explorador(a) exploring	una	fiesta holiday, party
	explotar to explode, to exploit	un	filántropo, una filántropa philanthropist, humanitarian

filmar to film

el **fin (final)** end **fin de semana** weekend

finalmente finally

financiero(a) financial

la **finanza** finance

fino(a) delicate, fine

firmar to sign

físicamente physically

físico(a) physical

flojo(a) loose

una **flor** flower

una **florería** flower shop

fomentar to encourage, to urge on

forjar to forge

una **forma** form

formar to form, to constitute

formidable terrific, marvelous

fortalecer to strengthen, to fortify

una **fortuna** fortune

un **fósil** fossil

fosilizado(a) fossilized

la **fotografía** photography, photograph

fracasar to fail

un **fracaso** failure

una **fracción** fraction

francés, francesa French

una **frase** sentence

una **frazada** blanket

frecuencia: con frecuencia frequently

un **fregadero** kitchen sink

fresco(a) fresh, cool

el **frío** cold

frito(a) fried

los **frutos** rewards

el **fuego** fire

una **fuente** fountain

fuera (de) outside, off

fuera de la costa off the coast

fuerte strong

la **fuerza aérea** air force

las **fuerzas armadas** armed forces

fugitivo(a) fugitive

funcionar to function, to work

fundar to found, establish

funesto(a) fatal, disastrous

furioso(a) furious, angry

el **fuselaje** fuselage (airplane body)

el **fútbol** soccer **fútbol americano** football

g

un **galeón** Spanish ship

una **gallina** hen

un **gallo** rooster

un **ganador, una ganadora** winner

ganar to win, to earn

un **ganso** goose

una **garrafa** carafe, decanter

gastar to spend, to waste

un **gato** cat

una **gema** gem

general: en general in general

generalmente generally

genial friendly, kindly

la **gente** people

la **geometría** geometry

geométrico(a) geometric

gesticular to make gestures

un **gesto** gesture

la **gimnasia aeróbica** aerobics

la **gloria** glory

el **gobierno** government

un **gol** goal

la **goma** glue

gordo(a) fat

gozar: gozar de to enjoy

una **grabación** recording

la **grafología** handwriting analysis

un **grafólogo, una grafóloga** handwriting analyst

gran (grande) great, grand, big

el **granate** garnet

una **granja** farm

una **grapa** staple

gris grey

un **grupo** group
guardar to safeguard, to keep
  guardar un secreto to keep
  a secret
la **guerra** war
una **guía** guide, directory
gustar to like
el **gusto** taste   **al gusto**
  to taste

h

haber to have, to be
  haber que to have to,
  to be necessary
la **habilidad** ability
un **habitante** inhabitant
un **hábito** habit
habla: de habla hispana
  Spanish-speaking
hablar to speak, to talk
hacer to do, to make
  hacer mucho frío to be
  very cold
hacerse to become
hacia towards
una **hacienda** ranch
hallar to find
la **harina** flour
hasta until
hecho(a) made
hembra female
una **herida** wound
un **herido, una herida**
  wounded person
herido(a) wounded
una **hermana** sister
un **hermano** brother
los **hermanos** brothers and sisters
hermoso(a) beautiful
un **héroe** hero
los **herrajes** iron trimmings
una **herramienta** tool
hervir to boil
un **hexágono** hexagon
el **hielo** ice
la **hierba** grass

una **hija** daughter
un **hijo** son
hispánico(a) Hispanic
hispano(a) Hispanic
hispanohablante Spanish-
  speaking
la **historia** history, story
histórico(a) historic
una **hoja** leaf, sheet   **hoja de papel**
  sheet of paper
Holanda Holland (the
  Netherlands)
un **holandés, una holandesa**
  Dutch person
un **hombre** man
un **hombro** shoulder
honesto(a) honest
honrar to honor
la **hora** hour, time
un **horario** schedule
el **horizonte** horizon
una **hormiga** ant
un **horno** oven   **horno de**
  micro-onda microwave oven
una **hostería** hostel
hoy today   **hoy en día**
  nowadays
un **huérfano, una huérfana**
  orphan
un **huésped, una huéspeda** guest
  casa de huéspedes
  boarding house
un **huevo** egg
huir to flee, to run away
humanitario(a)
  humanitarian
hundido(a) sunken
un **huracán** hurricane

i

ibérico(a) Iberian, Spanish
ida departure   **ida y vuelta**
  round trip
la **identidad** identity
identificar to identify
idiomático(a) idiomatic

una iglesia church
igual equal
imaginar to imagine
imaginario(a) imaginary
imitar to imitate
un imperio empire
importantísimo(a) very important
importar to matter, to be important
impresionar to impress
un impuesto tax
impulsivo(a) impulsive
la inactividad inactivity
inclinar to lean, to incline
un inconveniente inconvenience
increíble incredible
la independencia independence
las indicaciones directions
indicar to indicate
indiferente indifferent
indígeno(a) native, Indian
los indios Indians
la industria industry
inesperado(a) unexpected
informar to inform
informarse to learn
el infortunio misfortune
un ingeniero, una ingeniera engineer ingeniero civil civil engineer
el inglés English (*language*)
inglés, inglesa English
un ingrediente ingredient
inhalar to inhale
una iniciativa initiative
injusto(a) unjust
immenso(a) immense
innovador(a) innovative
innumerable without number, countless
inquieto(a) worried, restless
un insecto insect
insensible insensitive
insistir to insist
instalar to install
instantáneamente instantly

insultar to insult
el interés interest
de interés interesting
interesado(a) interested
interesante interesting
interesarse to become interested
una interjección interjection
interpretar to interpret
la intrepidez courage
intrépido(a) intrepid, brave
inútil useless
una invención invention
inventar to invent
una invitación invitation
invitar to invite
ir to go
iridescente irridescent
irracionalmente irrationally
una isla island
un itinerario schedule, itinerary
izquierdo(a) left

j

el Japón Japan
japonés, japonesa Japanese
un jardín garden
una jaula cage
un,una jefe boss, chief, head
un,una joven youth
joven young
una joya jewel, piece of jewelry
una joyería jewelry store
un juego game Juegos Panamericanos Panamerican Games Juegos Olímpicos Olympic Games
el jueves Thursday
un juez judge
un jugador, una jugadora player
jugar to play
el jugo juice
julio July
junio June

junto(a)   united, together
la   justicia   justice
justo(a)   fair, just
la   juventud   youth

k

un   kilógramo   kilogram
un   kilómetro   kilometer

l

la   the, her
un   labio   lip
un   lado   side   al lado de   beside
un   lago   lake
una   lámpara   lamp
la   lana   wool
una   langosta   lobster
lanzar   to throw
un   lápiz   pencil
largo(a)   long
las   the, them
una   lástima   shame, pity
   ¡qué lástima!   what a shame!
una   lata   can
latino(a)   latin
Latinoamérica   Latin America
una   lavadora de platos   dishwasher
un   lavaplatos   dishwasher
lavar   to wash
le   him, to him, her, to her, it,
   to it
leal   loyal
la   lealtad   loyalty
una   lección   lesson
la   lectura   reading, text
la   leche   milk
leer   read
un   legado   legacy
una   legumbre   vegetable
leguminoso(a)   vegetable-like
lejos   far, distant
la   lengua   tongue, language
lento(a)   slow
un   léon   lion

les   to them, them
una   letra   letter
levantar   to lift, raise
levantarse   to get up, to wake up
la   libertad   freedom
un   libertador, una libertadora
   liberator
una   libra   pound
libre   free, wild
un   libro   book
una   licencia   license   licencia de
   conducir   driver's
   license
un, una   líder   leader
una   liga   league
ligero(a)   light
limitado(a)   limited
un   límite   limit
un   limón   lemon
un, una   limpiabotas   shoeshiner
limpiar   to clean
lindo(a)   pretty
una   línea   line   línea recta
   straight line
líquido(a)   liquid
listo(a)   clever
literario(a)   literary
lo   the, that, it, him
   lo que   what, that which
   lo siguiente   the following
un   lobo   wolf
la   lógica   logic
lograr   to achieve
un   loro   parrot
los   the, them
la   lotería   lottery
un   lotero, una lotera   lottery-
   ticket seller
una   lucha   fight
luchar   to fight
luego   later
un   lugar   place
el   lujo   luxury   de lujo
   very elegant
lujoso(a)   luxurious
la   luz   light

ll

llamar to call
llamarse to be called, named
las llamas flames
la llegada arrival
llegar to arrive, to reach
llenar to fill
lleno(a) full
llevar to take, to carry
  llevar el nombre to be called, named
llover to rain
la lluvia rain

m

macho male
la madre mother
madrileño(a) of Madrid
magnífico(a) magnificent
mal (malo, mala) bad
  mal vestido(a) poorly dressed
una maleta suitcase
mamá mom
un mamífero mammal
mandar to send
un mandato order, command
una manera manner, way
la manga sleeve
manipular to manipulate
la mano hand   a mano
  handwritten   hecho a mano
  handmade
manso(a) docile, tame
mantener to maintain
mantenerse to keep oneself
la mantequilla butter
manufacturar to manufacture
un manuscrito manuscript
la mañana morning
mañana tomorrow
un mapa map
una máquina machine
  a máquina typed
el mar sea
un maratón marathon

un,una maratonista marathoner
maravilloso(a) marvelous
una marca brand
un marcador felt-tip pen
marcar to mark, to score
la margarina margarine
la marina Navy
un marino, una marina sailor
marino(a) marine
una mariposa butterfly
los mariscos seafood, shellfish
el martes Tuesday
marzo March
más more, most
una mascarilla diving mask
una materia material
materno(a) maternal
un matrimonio marriage
máximo(a) maximum
mayo May
mayor major, older
  hermana mayor older sister
la mayoría majority
mayúscula capital letter
un mecánico, una mecánica mechanic
una medalla medal, medallion, pendant
un medallón medallion
una media sock
una medida measurement
medio(a) half   y media
  half past
un medio means, way   por medio de by means of
medir to measure
mejor better, best
mencionado(a) mentioned
menos less   cuatro menos cuarto quarter to four
un mensaje message
un mensajero, una mensajera messenger
la mentalidad outlook
el mercurio mercury
merecer to deserve
merecido(a) deserved

la	**merienda** light lunch, afternoon snack		una	**montaña** mountain	

la   **merienda**   light lunch,
      afternoon snack

un   **mes**   month

una   **mesa**   table

una   **mesita**   small table

una   **meta**   goal, meet, match

     meter   to put, to insert

un   **metereólogo, una
      metereóloga**   meteorologist

un   **metro**   meter

     mezclar   to mix

     mi   my, me

el   **miedo**   fear

     mientras: mientras tanto
      meanwhile

     mil   one thousand

     miles   thousands

     miles de personas
      thousands of people

un   **militar**   military person

     militar   military

una   **milla**   mile

un   **millonario, una millonaria**
      millionaire

     millones   millions

una   **mina**   mine

     mínimo(a)   minimal

un   **ministro**   minister

un   **minuto**   minute

     mío(a)   mine

     mirar   to look

     mismo(a)   same, self

     uno mismo   oneself

una   **mitad**   half

un   **mito**   myth

la   **mitología**   mythology

una   **mochila**   backpack

una   **moda**   current fashion, fad

el   **modo**   manner, mood

una   **molestia**   nuisance, annoyance

un,una   **monarca**   monarch

     mondar   to peel, to skin

la   **moneda**   coin, currency

     monetario(a)   monetary

una   **monja**   nun

un   **monólogo**   monologue

una   **montaña**   mountain

     montar   to ride, to mount

     moribundo(a)   near death

     morir   to die

una   **motocicleta**   motorcycle

     mover   to move

un   **movimiento**   movement

la   **muchedumbre**   crowd

     muchísimo(a)   very much

     muchísimos(as)   very many

     mucho(a)   much

     muchos(as)   many

los   **muebles**   furniture

la   **muerte**   death

una   **mujer**   woman

     multiplicar   to multiply

     mundial   world   **guerra
     mundial**   world war

el   **mundo**   world

un   **músculo**   muscle

el   **museo**   museum

la   **música**   music

     muy   very

n

     nacer   to be born

el   **nacimiento**   birth

la   **nación**   nation

     nada   nothing, at all

     nadar   to swim

     nadie   nobody

la   **nariz**   nose

la   **natación**   swimming

     nativo(a)   native

la   **naturaleza**   nature

un,una   **naturalista**   naturalist

     naufragar   to be shipwrecked

un   **naufragio**   shipwreck

     navegar   to sail

la   **Navidad**   Christmas

     necesario(a)   necessary

     necesitar   to need

     negativamente   negatively

un   **negocio**   business

     nervioso(a)   nervous

     nevar   to snow

una **nevera** refrigerator, icebox
ni neither, not
un **nido** nest
una **niña** girl
un **niño** child, boy
los **niños** children
un **nivel** level
no no, not, don't
  no importa it doesn't matter
  no todos not all
la **nobleza** nobility
la **noche** night
nombrado(a) named
nombrar to name
un **nombre** name
noroeste northeast
el **norte** North
Norteamérica North American
norteamericano(a) North American
nos us, to us, ourselves
nosotros we, us
una **nota** note
una **notación** notice, notation
notar to note, to notice
las **noticias** news
una **novela** novel
noveno(a) ninth
una **novia** girlfriend, fiancée, bride
noviembre November
un **novio** boyfriend, fiancé, groom
los **novios** bride and groom
una **nube** cloud
un **nudo** knot
nuestro(a) our
nueve nine
nuevo(a) new
  de nuevo again
el **Nuevo Mundo** New World
numerado(a) numbered
numérico(a) numerical
un **número** number
nunca never

o

o or, either
un **objetivo** objective
una **obra** work, job, accomplishment
obtener to obtain
un **ocaso** sunset
el **océano** ocean
octavo(a) eighth
octubre October
ocupar to occupy
ocurrir to occur, to happen
ochenta eighty
una **oficina** office
ofrecer to offer
oír to hear
un **ojo** eye ¡**ojo!** watch out!
una **ola** wave
olvidar to forget
un **olvido** omission, oversight
una **olla** pot
once eleven
una **onza** ounce
un **ópalo** opal
opinar to express an opinion
un **orador, una oradora** speaker
una **orden** order **a sus órdenes** at your service
ordenado(a) orderly, tidy
ordenar to order, to put in order
ordinario(a) ordinary
una **oreja** ear
organizado(a) organized
un **organizador, una organizadora** organizer
organizar to organize
orgulloso(a) proud
el **origen** origin
un **ornitólogo, una ornitóloga** ornithologist
el **oro** gold
una **ostra** oyster
otro(a) another, other
ovalado(a) oval
un **óvalo** oval
el **oxígeno** oxygen

p

la **paciencia** patience
paciente patient
un,una **paciente** patient
un **padre** father
los **padres** parents
pagar to pay
un **país** country
un **pájaro** bird
una **pala** shovel
una **palabra** word
un **palacio** palace
un **palco** box seat
una **paloma** dove
el **pan** bread
un **pantalón** pants
una **pantalla** screen
la **pantomima** pantomime
el **Papa** Pope
una **papa** potatoe
el **papel** paper, role, part
un **paquete** package
para for, in order to, by
una **parada** stop **parada de autobús** bus stop
un **parador** state-run hotel
un **paraguas** umbrella
parecer to appear, to seem
una **pared** wall
un **pariente** relative
un **parque** park
un **párrafo** paragraph
una **parte** part
participar to participate
los **partidarios** followers, supporters
un **partido** game, match
partir to leave, to set off
pasado(a) passed **el año pasado** last year
un **pasaje** trip
un **pasajero** passenger
pasar to happen, to spend time, to pass, to come by **pasar tiempo** to spend time
un **paseo** walk, stroll

un **paso** step, pace, gait
un **pastor** shepherd
una **pata** paw, animal's foot
el **patinaje** skating
los **patines** skates
un **pato** duck
la **patria** homeland
un **pavo** turkey **pavo real** peacock
un **payaso** clown
la **paz** peace
el **pecho** chest
un **pedacito** little piece
un **pedazo** piece
pedir to ask **pedir disculpa** to ask for one's pardon
un **pelador** peeler
pelar to peel
una **película** movie, film
el **peligro** danger
peligroso(a) dangerous
el **pelo** hair
una **pelota** ball
un **pelotazo** hit
un **peluquero, una peluquera** hairdresser
la **pena** pity, trouble **valer la pena** to be worth the trouble, worth it
un **pendiente** earring
pensar to think
una **pensión** pension, boarding house
peor worse, worst
pequeñísimo(a) tiny
pequeño(a) small
perder to lose
una **pérdida** loss
perdido(a) lost
perfectamente perfectly
perfecto(a) perfect
un **periódico** newspaper
un **periquito** parakeet
una **perla** pearl
permanecer to remain
el **permiso** permission
permitido(a) allowed

permitir to permit, allow

pero but, however

un perro dog

un personaje figure, character

la personalidad personality

personalmente personally

pertenecer to belong

una pesadilla nightmare

pesar to weigh **a pesar de**
in spite of, despite

pescar to fish

una pescera fish bowl

un, una pesimista pessimist

el peso weight

una pestaña eyelash

un pez fish **pez dorado**
goldfish

picante spicy, hot

un pico pick-ax

un pie foot **a pie** on foot

una piedra rock, stone

la pierna leg

pilotear to pilot

un, una piloto pilot

la pimienta pepper

pintado(a) painted

pintar to paint

un pintor, una pintora painter

pionero(a) pioneer

una piscina swimming pool

un piso floor, apartment

el placer pleasure

una plancha board **plancha de
viento** wind surfer

planear to plan

una planta plant

la plata silver

plateado(a) silver-colored

un plato plate, dish

la playa beach

una plaza public square

una pluma feather, fountain
pen

pobre poor

un poco a little, some **poco
a poco** little by little

poder to be able

la policía police

policíaco(a) detective

político(a) political

Polonia Poland

un pollo chicken

poner to put, to wear
poner más to add more
poner la mesa to set the
table

un poquito a little

por for, by, along, through,
throughout, because of
por eso for that reason
por hora per hour
por la calle along the street
por lo general generally
por lo menos at least
por medio de by means of
¿por qué? Why?

porque because

un porqué reason

portátil portable

un portero goal-keeper

una posesión possession

una posición position

positivamente positively

una posta mail stop

practicado(a) well-practiced,
popular

practicar to practice

práctico(a) practical

un precio price

precioso(a) precious

predecir to predict

la preferencia preference, choice

una pregunta question

preguntar to ask

un premio prize, award

prender to turn on, to light

la prensa press

una preocupación preoccupation,
worry

preocuparse to worry, to be
concerned

preparar to prepare

una preposición preposition

un presagio omen

presentar to present
presentarse to appear

el presente present

el, la presidente president

prestar to lend   **prestar atención** to pay attention

el prestigio importance
presumido(a) snobbish
pretender to pretend
primer, primero(a) first

un primo, una prima cousin

el principio beginning
a principios de at the beginning of

la prisa hurry
probar to prove, to try
probar la suerte to try one's luck

un problema problem
producir to produce

el productor producer

el profe prof (short for professor)

una profesión profession, occupation

un profesor, una profesora teacher, professor

un programador, una programadora programmer

una promesa promise
prominente prominent

un pronombre pronoun
pronto soon
pronunciar to pronounce

una propiedad property, characteristic
propio(a) own, characteristic of
proteger to protect

el provecho profit, benefit **¡buen provecho!** enjoy your meal! cheers!

un proverbio proverb, saying
proveyer to provide
proyectar to project

un proyecto project
próximo(a) next
prudente cautious, careful

un pueblo village

un puente bridge

una puerta door

un puerto port
puertorriqueño(a) Puerto Rican
pulir to polish

los pulmones lungs

un pulpo octopus

una pulsera bracelet

una punta point, tip

el puntaje score

un punto point
puntual punctual

la puntualidad timeliness, punctuality
puro(a) pure

q

que that, then, than
¿qué? what?
¡qué! how!, what!
¡qué bueno! how nice!
quedar to stay, to remain, to be located

una queja complaint
quejarse to complain
querer to want, to like, to love
querer decir to mean
querido(a) dear
quien(es) who, whom
quince fifteen
quinientos(as) five hundred
quinto(a) fifth
quitar to remove
quizás perhaps, maybe

r

un ramo bouquet
rápidamente rapidly
rápido(a) rapid, fast
raro(a) rare

un rasgo trait, characteristic

un ratón mouse

una raya line

la **raza** race, breed **de raza pura** purebred, thoroughbred

razonable reasonable

reaccionar to react

real royal, real

la **realidad** reality

realmente really

una **receta** recipe

recibir to receive

reciente recent

recientemente recently

recoger to pick up

recomendar to recommend

reconocer to recognize

recordar to remember

un **rectángulo** rectangle

recuerdos regards

rechazar to reject

reducido(a) reduced

una **referencia** reference

refinado(a) refined

el **refinamiento** refinement, purification

reflejar to reflect

un **reflejo** reflection

un **refrán** refrain, saying

un **refrigerador** refrigerator

regalar to give away

un **regalo** gift

reír to laugh **reír a carcajadas** to burst one's sides laughing

una **relación** relation, relationship

relacionado(a) related

el **relajo** relaxation

un **reloj** clock, watch **reloj de batería** quartz watch **reloj de cuerda** windup watch **reloj despertador** alarm clock **reloj pulsera** wristwatch

un **remedio** cure, remedy

renacer to be reborn

un **rendimiento** rendering, output

renunciar to renounce, to give up

reparar to repair

repente: de repente suddenly

repetir to repeat

un **reportero, una reportera** reporter

reposado(a) relaxed

un, una **representante** representative

representar to represent

requerer to require

rescatar to rescue

reservado(a) reserved

una **residencia** residence, home

un **residuo** residue

una **resina** resin, sap

resistir to resist, to withstand

el **respaldo** support

respectivo(a) respective

respetado(a) respected

respetuosamente respectfully

respirar to breathe

responder to respond

la **responsabilidad** responsibility

responsable responsible

una **respuesta** answer

el **resto** remainder

un **resultado** result

retirarse to withdraw, to retire

un **retraso** delay

una **reunión** reunion

revelar to reveal

una **revista** magazine

revivir to revive

un **revolucionario, una revolucionaria** revolutionary

un **rey** king

los **Reyes Magos** Magi

rico(a) rich

un **riesgo** risk

una **rifa** raffle

un **rincón** corner

un **río** river

la **riqueza** wealth

robar to steal

el **robo** theft

una **roca** rock
rodeado(a) surrounded, encircled
la **rodilla** knee
una **rodillera** kneepad
rojizo(a) reddish
rojo(a) red
romántico(a) romantic
romper to break
la **ropa** clothes
una **rosa** rose
rosado(a) rosy, pink
un **rubí** ruby
una **rueda** wheel
el **ruido** noise

s

una **sábana** sheet
saber to know
sabroso(a) tasty
un **sacapuntas** pencil sharpener
sacar to take out **sacar fotos** to take pictures
un **saco** sack, bag **saco de dormir** sleeping bag
la **sal** salt
una **sala** living room, hall
sala de cine movie theater **sala de clase** classroom
salir to go out, leave
la **salsa** sauce
la **salud** health
saludable healthy
saludar to greet
un **saludo** greeting
salvaje savage, wild
salvar to save
la **sangre** blood
un **santo, una santa** saint
un **sartén** frying pan
se himself, herself, itself, yourself, yourselves, themselves, oneself, each other
una **sección** section

un **secretario, una secretaria** secretary
un **secreto** secret
la **sed** thirst
un **sedimento** sediment
seguir to follow, to continue
según according to
un **segundo** second
segundo(a) second
la **seguridad** safety, security
la seguridad social social security
seguro(a) sure, certain
su seguro servidor yours truly
seis six
seleccionar to choose
la **selva** jungle
un **sello** postal stamp
un **semáforo** traffic light
una **semana** week **Semana Santa** Holy Week
semanalmente weekly
semejante similar
una **semilla** seed
el **senado** senate
un **senador, una senadora** senator
sencillo(a) simple, unpretentious
una **sensación** sensation
sensible sensitive
sentado(a) seated
un **sentido** sense **sentido de humor** sense of humor
un **sentimiento** feeling, sentiment
sentir to feel, to regret
una **señal** signal
señor (Sr.) gentleman (Mr.)
señora (Sra.) lady (Mrs.)
señorita young lady (Ms.)
separar to separate
septiembre September
séptimo(a) seventh
ser to be
seriamente seriously
una **serie** series
serio(a) serious

una serpiente serpent, snake
un servicio service
un servidor, una servidora servant
servir to serve
severo(a) severe
sexto(a) sixth
si if, whether
sí yes sí mismo himself, herself, itself
siempre always
siendo being
siete seven
un siglo century
el significado meaning
significar to mean, signify
un signo sign
siguiente following
una silla chair silla de ruedas wheelchair
simbólicamente symbolically
un símbolo symbol
simpático(a) nice, pleasant
simplemente simply
sin without sin embargo nevertheless
sinceramente sincerely
sino but, rather
un sinónimo synonym
un sistema system
un sitio place
sobre over, on, above, about
un sobre envelope
sobrevivir to survive
un sofá couch
el sol sun
solamente only
un soldado soldier
la soledad loneliness
solicitar to request, to apply for
una solicitud application
solitario(a) solitary
solo(a) alone, only
una solución solution
solucionar to solve
un sombrero hat
sonar to sound, to ring
un sonido sound

soñar to dream
soplar to blow
un sorteo drawing, raffle
una sortija ring
sospechar to suspect
sostener to hold
su(sus) his, her, your, their
suceder to happen, to take place
sucio(a) dirty
un sueño dream
la suerte luck
un suéter sweater
suficiente sufficient, enough
el sufragio voting rights
sufrir to suffer
suizo(a) Swiss
un sujetapapeles paper clip
sujetar to hold
una suma sum
sumar to add, to total
superior upper
un supermercado supermarket
supremo(a) supreme
el sur south
un sustantivo noun

t

tal:tal vez perhaps
el tamaño size
también also, too
tan, tanto(a) so, so much
un tanque tank
un tapiz tapestry
la taquilla box office
un taquiller, una taquillera cashier
tarde late más tarde later
una tarjeta card tarjeta de identidad identity card tarjeta postal postcard
un, una taxista cab driver
una taza cup taza de medir measuring cup

	te	you, yourself	
	teatral	theatrical	
el	teatro	theater	
	técnico(a)	technical	
un	tejido	textile, weaving	
la	tela	cloth	
un	telar	loom	
un	televisor	television	**televisor**
	portátil	portable television	
un	tema	theme, subject	
el	temperamento	temperament	
un	templo	temple	
	temprano	early	
un	tenedor	fork	
	tener	to have	

tener cuidado   to be careful
tener éxito   to succeed
tener hambre   to be hungry
tener lugar   to take place
tener miedo   to be afraid
tener que   to have to
tener sueño   to be sleepy

tercer, tercero(a)   third
terco(a)   stubborn
una terminación   ending
terminar   to end, finish
un territorio   territory
un tesoro   treasure
una tetera   kettle
un texto   text
un tiburón   shark
el tiempo   time, weather
   a tiempo   on time
una tienda   store   **una tienda**
   de compaña   tent
la tierra   earth, land
un tío   uncle
los tíos   uncles and aunts
un tipo   type
tirar   to shoot, to throw
un título   title
el tobillo   heel
un tocado   headdress
todavía   still
todo(a)   all, everything
   todo derecho   straight ahead
todos(as)   all

tomar   to take
un tomate   tomatoe
una tonelada   ton
tonto(a)   dumb
un topacio   topaz
un torero   bullfighter
un torneo   tournament
un toro   bull
una tortuga   turtle
trabajador(a)   hard-working
un trabajador, una trabjadora
   worker
el trabajo   work
traducido(a)   translated
traducir   to translate
traer   to bring
una tragedia   tragedy
un traje   suit   **traje de baño**
   swimsuit
transportar   to transport,
   to take
el transporte   transport
un tratado   treaty
tratar   to try
través:a través   through
trece   thirteen
treinta   thirty
un tren   train
tres   three
un triángulo   triangle
la tripulación   crew
triste   sad
la tristeza   sadness
triunfar   to triumph, to win
un triunfo   triumph
una tropa   troop
tú   you
   tú mismo   yourself
tus   your
un, una turista   tourist
la turquesa   turquoise

u

u   or
últimamente   recently, lately
último(a)   last

un a, an
único(a) unique
el único only one
una unidad unit
unir to unite
una universidad university
universitario(a) university
uno(a) one, a, an   cada uno,
cada una each one, every one
uno por uno one by one
unos(as) some
una uña fingernail
usado(a) used
usar to use
el uso use
usted (Ud.) you
un utensilio utensil
utilizar to utilize

v

una vaca cow
una vacación vacation
vació(a) empty
vagabundo(a) vagabond
valer to be worth
valiente courageous, brave
valioso(a) valuable
el valor value, worth, courage
un valle valley
vano(a) vain
un vaquero cowboy
una vara rod
variado(a) varied
variar to vary
varios(as) several, various
un vaso glass
el Vaticano Vatican
veces: a veces sometimes
un vecino, una vecina
neighbor
vegetal vegetable, plant
un vehículo vehicle
veinte twenty
la velocidad speed
veloz fast
vencer to win, to conquer

un vendedor, una vendedora
salesperson
vender to sell
venezolano(a) Venezuelan
venir to come
una venta sale
una ventaja advantage
una ventana window
una ventanilla small window
ver to see   a ver let's see
vamos a ver let's see
el verano summer
un verbo verb
la verdad truth
verdaderamente truly, really
verdadero(a) true, real
verde green
verídico(a) true
una verificación verification
verificar to verify
verse to see each other, to
visit each other, to find
oneself, to meet
vestido(a) dressed
vestir to dress
el vestuario wardrobe
un veterinario, una veterinaria
veterinarian
una vez once, one time   de vez
en cuando sometimes
¡otra vez! again!
vía by way of
una vía way
viajar to travel
un viaje trip
un viajero, una viajera traveler
un vicio vice
la victoria victory
la vida life
viejo(a) old
el viento wind
el viernes Friday
el vinagre vinegar
el vino wine
violeta purple, violet
virar to turn
la visibilidad visibility

una **visión** perception

visitar to visit

la **vista** view, sight, eyesight

    hasta la vista see you later

un **vistazo** glance

una **vivienda** house

vivir to live

vivo(a) alive

el **vocabulario** vocabulary

volar to fly

el **volibol** volleyball

la **voluntad** will **buena**

    voluntad goodwill

volver to return

votante voting

votar to vote

un **voto** vow **votos perpetuos**

    final vows

la **voz** voice

el **vuelo** flight

una **vuelta** spin, turn, return

y

y and

ya already, any more

yo I

z

un **zafiro** sapphire

una **zapatería** shoe store

un **zapato** shoe

el **zoológico** zoo

Credits

Illustrations
Bob Priest   14, 56, 60b, 65, 68, 92, 100, 108
Blanche Sims/Carol Bancroft & Friends   *v* c, *vi* c, *ix*, 20, 27, 30, 35, 37,
38b, 43, 50, 51, 58c, 59b, 76, 77, 83, 85, 95, 102, 104, 130, 135, 136, 139,
141, 144, 160

Photos
Stuart Cohen   1, 3, 4b, 6, 21R, 31, 49, 66t, 73, 74, 81, 112, 119, 127, 129,
132, 147, 151, 152b
David Kupferschmid   9, 33, 39L, 39R, 53, 59c, 60, 66b, 67t, 72, 99, 110,
111, 114, 122c
Additional
cover: Carl Purcell
17: © Peter Menzel
23: Victor Englebert
41: John Rich
63: Courtesy, Office of the Governor of Puerto Rico
71: © Zoological Society of San Diego
vi R, 91: Historical Pictures Service, Chicago
117: Courtesy, The Hispanic Society of America, New York
125: The Museum of Modern Art, Film Stills Archive

Miscellaneous
55: The Bettmann Archive
107: Courtesy, Det Kongelige Bibliotek, Copenhagen